21天学会
文案写作与变现

齐帆齐 三月晨曦 著

中国纺织出版社有限公司

内 容 提 要

这是一本让文案工作者从小白成为高手并成功实现变现的成长攻略。全书分为心法篇、技法篇、实战篇,为读者介绍了文案写作的实用方法及应用场景,讲解了文案创作者必备的基本素养、具有交付感文案的基本原则、经典文案的底层逻辑、常见的种草文案类型等,并对我们身边的不同真实案例进行拆解和分析,以此帮助新手掌握文案写作的方法和技巧,提升文案写作的实战能力和文案写作变现的方法,为自己职业发展、自媒体创业赢得机会。

图书在版编目(CIP)数据

21天学会文案写作与变现 / 齐帆齐,三月晨曦著. 北京:中国纺织出版社有限公司,2025.5. -- ISBN 978-7-5229-2573-8

Ⅰ.H152.3

中国国家版本馆CIP数据核字第20250A0P36号

责任编辑:刘 丹 责任校对:高 涵 责任印制:储志伟

中国纺织出版社有限公司出版发行
地址:北京市朝阳区百子湾东里A407号楼 邮政编码:100124
销售电话:010—67004422 传真:010—87155801
http://www.c-textilep.com
中国纺织出版社天猫旗舰店
官方微博 http://weibo.com/2119887771
天津千鹤文化传播有限公司印刷 各地新华书店经销
2025年5月第1版第1次印刷
开本:880×1230 1/32 印张:6.5
字数:130千字 定价:58.00元

凡购本书,如有缺页、倒页、脱页,由本社图书营销中心调换

前言

关于文案,每个人都有自己的认知。文案是街头随处可见的招牌广告,文案是你蜷缩在某个角落时抬眼看到的那句打动人心的话语,文案是点开手机某应用软件(App)看到的促销信息,文案还可以是你听到的某个小故事……

今天的文案不再拘泥于形式,只要是你想的、你说的、你写的、你见到的,能形成传播并带来一定利益的,都可以是文案。这种利益可以直接带来收益、流量,甚至可以治愈人心。

正因为如此,越来越多的人接近文案,但同时也对文案产生疑惑。到底什么是文案?普通人该如何写好文案?好文案没有一定的标准,好文案就是人人都懂并能口口相传的、能为客户带来一定利益的文案。

我曾经从事营销策划行业多年,从传统行业到互联网行业,见证了文案从所谓的高大上到人人都能生产的过程。但是,在这个人人都需要文案的时代,很多人对文案还是会望而生畏,甚至不确定自己产出的是否为文案。在这本书里,我们想用简单通俗的语言告诉你,文案没有你想象中的那般复杂。无论是传统媒体文案,还是短视频文案,所有文案的本质都是相通的。

文案从传统广告中走出来,走向互联网、走向社交、走向短视频……文案的使用范围越来越广泛，文案也逐渐自成一派。有很多大公司会专门设立文案岗位。而作为自媒体创业者，首先用到的就是通过文案进行宣传。

在这本书中，我们并没有就文案的相关理论长篇大论，只想总结一些关于文案的实用知识，希望热爱文案、想学习撰写文案的人都能用得上。

全书分成三大部分，从心法到技法，再到实战案例，力求在 21 天内帮助你高效学会创作文案，找到属于自己的文案方向。在开篇这一部分中，为了能让你在学习创作文案前做好心理准备，从心法的层面作出解读。就如前面提到的，文案无处不在，文案的运用非常广泛，文案是营销的隐形推手。但是，还有很多人将写文案与写作混淆，在进行文案创作时附加了写作的压力，以至于自己的文案并不出彩。

这本书想要告诉你的是，这并不是你的错，你只是还没有为文案创作做好心理层面的建设。大多数人以为只要掌握文案写作技法就行，却不知道文案写作不仅要具有文案写作人的基本修养，更要懂得文案即为交付的道理。

如果你在文案创作上已做好心理准备，那么技法也是不可或缺的重要一环。人们常常在不知不觉中被一篇长文案吸引，甚至还以为自己看到的是一篇精彩的文章，看到最后才得知这是文案，这篇文案的文笔及思想深度让你感动之余，又忍不住被深深折服，并为此买单。

看，这就是文案的魅力。你不会觉得它是泛投的广告，相反你会觉得它是为你量身打造的。要具备这样的文案写作能力，就得在文案写作技法上苦下功夫。虽然说，写文案不是写文章，但要想文案写得好，还是需要多积累，提升文案写作深度。

也许你又会心存疑惑，文案不就是把专业的语言说成大白话吗？如果有了写文章一样的深度，是不是会让用户难以理解？答案当然是否定的。文案的确是架接在产品与专业服务之间的语言，但语言也是讲艺术的，就如日常生活中需要语言沟通一样。有些语言晦涩难懂，有些语言令人如沐春风，这就说明了语言加工的重要性。

但是很多人又会疑惑，自己在文案上深入研究，也自认为文案写得非常好，可是在交付甲方后，甲方却告知市场反响不大，这又是哪里出错了呢？不要忘了文案是怎么来的，文案是给谁看的。写文案的人除了苦练文案写作技法外，还得运用市场营销的思维，也就是说你的文案要时刻从市场出发，站在用户的角度考虑。文案的写作技法不止于写，更多的是懂市场。如果你能搞明白这一点，你就知道为什么要写出好标题，为什么要构思文案创意，为什么要懂用户情绪，为什么要将热点与文案写作结合。

如果心法、技法你已经具备一定基础，那么可以尝试通过朋友圈、小红书、短视频等渠道进行练习。当然，所有渠道的文案写作方法固然都很好，但也要懂得"术业有专攻"的道理。真正文案写作厉害的人，并不是所有不同渠道的文案写作都擅长，而是专注于某一方面。刚进入文案领域的人，可以尝试各种渠道的文案写作，但不必精通所有渠道的文案写作方法，懂得文案写作的本质就等于能玩转所有不同渠道的文案写作。

特别是在这个人人都是自媒体的时代，时间成本大于一切，在文案写作上无论你是专攻小红书、朋友圈，还是个人标签（Slogan），都可以标榜是文案写作领域的高手。

我们之所以写这本书，就是希望用简单的语言讲通文案的本质，让文案不再遥远，让人人不仅知文案，更懂文案。接下来，让我们和你一起开启全新的文案之旅，你准备好了吗？

从心法到技法再到实战案例，希望你能在这趟文案之旅中搞懂文案，找到属于自己的文案创作之路，让文案不只是局限于文案本身。

三月晨曦

2025 年 1 月

第一部分 心法篇

第 1 天　文案无处不在，是营销的隐形推手　　002
第 2 天　你的文案为什么无人问津　　008
第 3 天　写文案不等于写文章　　014
第 4 天　写好文案的秘诀是懂交付　　020
第 5 天　一个文案创作者必备的基本修养　　025

第二部分 技法篇

第 6 天　如何提升文笔和文案思想深度　　032
第 7 天　创意文案，撬动用户的情绪　　049
第 8 天　用户情绪至上，洞悉文案心法　　059
第 9 天　抓对热点，不愁好文案　　069
第 10 天　常见种草文案的结构　　076
第 11 天　常见文案标题写作技巧　　085
第 12 天　好文案，重在日积月累　　094
第 13 天　巧用 AI 工具，高效写出好文案　　099

第三部分　实战篇

第 14 天	朋友圈文案的谋篇布局之道	110
第 15 天	5 步搞定爆款小红书文案	121
第 16 天	短视频文案写作技巧解析	129
第 17 天	玩转社群发售，文案先行	142
第 18 天	个人品牌故事，隐形的流量密码	152
第 19 天	电商商品详情页：写买点不写卖点	166
第 20 天	一句价值千万的个人品牌广告语	173
第 21 天	商业文案写作变现	180

附录	会写文案，更要会文案策划	191

第一部分
心法篇

　　关于文案，我们思考了很久，市面上有关文案的书那么多，难免有雷同，如何才能让我们的读者通过一本书真正理解文案并学会创作文案，这是我们需要解决的问题。

　　通过大量查阅资料以及调研访谈后，我们发现，大多数人对于文案的认知就两种，要么认为很难，要么认为很简单。实际上，这两种认知都不对，因为都没有意识到文案写作的前提是理解文案，并且是要从心法的层面去理解。而大多数学习文案写作的人一开始就是学技能，而先学习技法却又不得其解，这就是脱离心法的原因。

　　我们常常说，理解他、成为他，写文案亦如是。所以，我们决定要在一开始就要告知大家文案写作的心法，欲练技能先修其心。文案就是营销的隐形推手，作为一个文案写作者，其必备的基本修养就是要有市场洞察力、创造力、沟通力、持续学习力以及稳定的心态。

第1天　文案无处不在，是营销的隐形推手

当你和朋友一起爬山，快爬到一半想要放弃时，眼前突然出现一块路标："花钱爬山真爽！已走300m/500步，加油哦！"此时你的心里是什么感受？是真的要放弃，还是自嘲后不得不继续往上爬？

相信你会选择后者，继续往上爬，然后接下来的路你会充满斗志。这是为什么呢？正是那句话"花钱爬山真爽"刺激了你，而你也由此加深了对这座山的印象。

为什么这句话这么有魔力？因为它是一句扎心的文案。

坐地铁时，我们会看到各种广告，但我们很难记住所有广告，能让人有记忆点且便于传播的就是突出的文案。

德芙，纵享丝滑！——德芙巧克力

农夫山泉，有点甜！——农夫山泉

……

其实，除了这些耳熟能详的品牌文案外，在我们日常生活的每一个角落，文案都在悄悄伸展着触角，默默影响着我们的思维和决策。文案，不再是高大上到只限品牌可用，再小的普

通个体也能用文案为自己服务。

那么，什么是文案呢？在这个信息爆炸的数字时代，我们该如何定义文案呢？字面意思理解，文案是指用于广告、宣传、市场营销等领域的文字创作。前面提到，文案不只服务品牌方，也服务个体。像朋友圈、小红书、抖音、视频号等社交渠道，我们会发现吸引用户的正是创作者发布的信息，而这些信息基本是由图片、文字、视频等形式组成的。也就是说它具有共鸣、吸引、传播、刺激的作用。

随着自媒体的不断普及，文案逐渐从传统的电视广告、户外广告、纸媒等渗透到电脑、手机。无论我们走到哪里，无论是打开手机还是打开电脑，我们都会遇到各种形式的文案。

信息过载的时代，出众的文案成了吸引他人关注的第一要素。还有随着数字技术的飞速发展，人们的日常生活行为发生变化。从纸质书阅读到电子书阅读，从打开电视机到随时随地刷短视频，从书信往来到微信视频……文案成为品牌和个体在竞争激烈的数字舞台上脱颖而出的关键。

还有人们对生活的需求，不再只是满足于产品的功能，更关注的是产品的背后，更需要的是被看见。而一篇好的文案，往往能打动人心，帮助建立更深层次的链接。

那么，常见文案场景有哪些呢？

1. 产品包装 / 服务：默默传递文案之美

江小白瓶装酒的"我有一瓶酒，有话对你说"系列："人生没有早知道，只有当下酒，眼前人""最好的默契是懂你的言外之意，也懂你的欲言又止""生活若没有波澜，也就没有悲欢"等。从不知名的酒到火速出圈俘获年轻人的心，靠的就是走心的文案，既传递了品牌形象，也迅速拉近了与用户的距离，赢得了市场。

2. 广告和宣传：通过文案传播品牌

这里的广告和宣传，就是在一些公开场景常见到的宣传、推销形式，譬如户外广告、节目赞助、电视广告、视频贴片广告等。从五光十色的户外广告到手机屏幕上的推送通知，文案无时无刻不在吸引你的注意力。不同场景的文案运用，在短短的几秒钟内传递品牌理念、吸引目标受众，并激发购买欲望。

如在地铁、公交站台常见的房地产广告文案，像"一辈子总要住一次万科"，有情怀有品牌。如以写作为主的简书平台，"一个优质的创作社区"，直奔主题，吸引同频人。还有某购物平台在最初发展时，传遍大街小巷的"拼着买，更便宜"，从此吸粉无数。

3. 社交媒体：用文案吸引关注

目前常见的社交媒体有微信、微博、抖音、小红书等，不同的社交平台有着不同的展示方式。通常来说，社交媒体上的文案主要呈现在个人主页、社交平台内容发布、社交平台互动。

以常见的微信为例，个人主页是微信朋友圈封面，这里一般以图片形式出现。但一张有效吸睛的封面必然是图片＋文案，如"一个会写故事的营销策划人"，是不是瞬间能激起你的好奇心，想要关注营销策划与写故事之间的关系？

社交平台发布内容，于微信一般是个人朋友圈，关于朋友圈的发布也是有技巧的，而且离不开"文案"二字。朋友圈是了解一个人的窗口，朋友圈里的文案写得好，既体现你的专业度又能体现你的温度，让人忍不住靠近你。

社交平台互动，在微信一般指的是朋友圈的评论回复，当然也包括一对一私聊沟通内容。千万别小看这些地方，微信的载体就是个体，再小的个体也是品牌。所以无论是对外的公开互动留言还是私下的沟通，都具有文案属性，有助于内容的广泛传播。

4. 个人品牌建设：以文案增加情感链接

在自媒体时代，个人品牌越来越受重视，并已发展成为一种社交趋势。在这个过程中，文案不仅仅是介绍自己的工具，更是建立个人形象、传递独特价值观的媒介。像求职者，可以通过自我介绍、职业经历的精选文案，让你在人才市场中脱颖而出；像自由职业者，可通过分享个人成长故事、个人产品/服务的文案，在社交媒体上树立个人专业形象。

如一位减肥教练，他想在线上搭建一个减肥社群，希望通过线上互动的方式引流到线下参与减肥。那么他可以通过一篇讲述关于自己减肥血泪史故事的文案，自然过渡到自己的产品和服务，让人记住他是一位减肥教练。而他的故事文案就是感情催化剂，引起用户共鸣，增加了情感链接，使用户多了一份信任感。

文案是打磨个人品牌的工具，是在社交时代彰显个体价值的利器。

5. 社群营销：文案唤醒内心渴望

现在，无论是大V还是初创级别的自媒体从业者，基本上都会建立属于自己的社群。建社群的目的就是拉近彼此之间的距离，促进用户活跃。如何活跃用户呢？答案是社群营销。

社群营销听上去挺官方的，但说白了，就是"有目的、有章法"地进行互动。日常的社群互动，从故事分享到话题探讨，再到正式的社群发售，文案潜伏其中，唤醒你的内心渴望，让你保持一种"想要"的状态，从而刺激用户下单购买。

如常见的社群大咖公开分享，不断吸引人加入，也是为最后的"硬菜"做铺垫。还有社群内的早晚安问候，看似简单，实则内有乾坤。

此外还有很多文案运用场景，在这里不一一展开。以上提到的几种场景，是我们常见，也是作为自媒体从业者常用的场景。在后续部分会再为读者进行详细、深入介绍。

从以上文案运用场景不难看出，文案主要是针对不同人群、不同平台、不同时段等进行设计创作，从而达到快速吸引用户注意的目的。另外我们也发现，对于非专业的文案从业者来说，文案同等重要。

翻开你的朋友圈，看看你最近 1 个月都发布了什么内容，初次添加你的人就能大致知道你是谁，你在做什么。经常关注你朋友圈的人，会更加清楚你是什么样的人，更加信任你，持续被你吸引。这就是文案带来的社交吸引力。

我曾经因为持续分享自己写作的文章链接被陌生用户看到，对方主动添加我，并向我付费学习写作，这就是通过文案实现个人表达，进而带来转化。

还有一点，文案的广泛使用与传播，让普通人也有无限可能。我的一位宝妈朋友，通过在小红书持续分享育儿相关知识，快速涨粉，实现变现。那么多分享育儿知识的宝妈没有出圈，为什么她成功了呢？原因在于朋友学习过文案相关知识，她深谙好标题会触发点击动作的道理。所以她的每一篇分享都是在推广自己，用文案树立自己的个人品牌形象。

由此可见，文案的运用不论是对于品牌还是个人都是一样重要。它能传递信息和理念、引发情感共鸣、促进销售成交、树立品牌形象等。

在这个信息泛滥的时代，文案是连接人与人、品牌与受众的桥梁。无论你是专业从业者，还是非专业人士，善用文案都会让你快速得到关注，"关注"正是当下这个时代的稀缺资源，而懂得使用文案，是一项重要的技能。

文案无处不在，这也意味着文案的使用越来越广泛。无论你身在职场，还是在个体创业，学会驾驭文案，能让你"妙笔生花"，让你在自媒体时代成就自己的个人品牌。

> **Day 1**
>
> 文案的定义。文案常见的应用场景有5种：产品包装/服务、广告和宣传、社交媒体、个人品牌建设、社群营销。

第2天　你的文案为什么无人问津

在这个信息爆炸的时代，文案无疑是传递信息、吸引眼球的一把利剑。但是，当多数人将自己的文字组成文案时，却出现这样一个尴尬的局面，自认为写得很好的文案却无人问津！为什么会出现这样的情况？

记得我刚开始做营销策划工作时，带教我的同事给我的第一个任务就是想一个营销主题。一开始我是蒙的，什么是营销主题？我在对比了过往的营销活动后，才知道就是根据时令、节日、产品属性等设计的简短文案。当我把冥思苦想的营销主题给同事时，却一再被同事推翻，直到我想了无数个后，他们才对其中一个给予肯定。从第一次接触文案我就知道，不是你认为自己写得好的就是好文案，好文案也要天时地利人和。

我曾经在零售行业策划过无数营销活动，每一次营销活动的起点都是文案。好文案从来不会脱离市场、脱离用户。在人人都在打造个人品牌的时代，你既是产品也是用户，买方与卖方市场并非界限分明。想要写出人人都叫好又叫卖的文案，你必须思考自己写过的文案是否出现过以下问题。

1. 产品/服务卖点不明确

很多人在拿到需要写作的文案命题后，便开始一顿文字堆砌、内容输出，用上自己所有的写作功力，写出一篇华丽高深的文案。就好比下面这条关于文案写作课程的朋友圈文案：

在这个寒冷的冬季，我们要用文字绽放出绚烂的花朵！

乍一看，这句话没毛病，甚至还挺优美，但是如果把它当作宣传写作课程的招募文案，就有点不知所云了。我们来分析这句话给出了哪些信息：寒冷冬季隐喻当下时代，花朵表示通过文字取得的成果。突出了文字写作的重要性，可是跟文案写作课程有什么关系呢？

没有明确的产品/服务属性，也就是我们常说的卖点，故而只会让看到的人直接滑过。现在，我们根据文案写作课程的卖点重新进行挑战，文案写作的特点就是让文字生钱且快，文案适用范围广。我们不妨这样写：

你以为的写作并不是孤独的寒冬，文案写作快准狠，文案写得好，生活更美好！

2. 未找准目标客户心理需求

有人会问，我已经结合了产品特性去写，但怎么就是没有转化呢？写出好文案，不仅要考虑产品，更要考虑用户。

在进行文案写作前，你是否了解过你的目标客户群体是谁？你是否了解过你目标客户的消费行为习惯是怎样的？你是否了解过同类产品在市场的反响如何？无论是有形的产品还是无形的服务，归根到底都是为用户提供服务，满足用户需求，是从用户出发，而不是从产品出发。

如果你结合了以上这些因素去考虑，那么你的文案才是懂用户的，是用户需要的。譬如下面这些脍炙人口的文案：

怕上火，喝王老吉！——王老吉

人生总有起落，精神终可传承。——褚橙

我们不生产水，我们只是大自然的搬运工。——农夫山泉

王老吉，针对的是用户怕上火这一心理特点；褚橙这句话看似鸡汤，实则是讲了褚橙背后创始人的故事，与用户产生共鸣；农夫山泉面对的是想要喝自然健康饮用水的用户，把自己当作大自然水的搬运工，戳中了用户心底的软肋。

文案不在于过分修饰，而是要戳中用户痛点，满足用户的目标心理需求。

3. 不能激发客户的参与感

还有一种文案，眼看它繁华盛开，却无人问津。这也是我们常常说的自嗨型文案，也就是只有写文案的人参与其中，文案的受众却毫无参与感。没有找到用户的共鸣点，从用户角度来说，一句话归纳就是"关我什么事？"

如产品是在线课程，服务对象是想通过在线学习提升各种技能的职场人士。原文案："数百门在线课程，随时随地学习。"

如果你是一位想通过工作碎片化时间学习办公软件，以达到职场晋升的目的，但又不想学习太枯燥，能以团队的形式进行共学的职场精英，那么这句文案对你的吸引力并不大，因为没有满足你的需求。

不妨做这样的修改："在这里，学习是冒险，是团队作战的大比拼，无论哪种是你需要的学习技能，每天学一点，超越多一点，快一点！学友相伴、导师陪伴，无限次复训！"

这样修改后，是不是比前一句口号式的文案更有温度与态度？前者只站在了产品也就是我方的角度讲明在线课程的优势，后者则充分考虑了用户的情况以及用户的需求，强调了互动式学习。

所以，我们在进行文案设计时，一定要把用户放在第一位，不是给用户看，而是让用户参与其中。

4. 缺乏创意

有很多人跟我说学会了很多种文案写作技巧，但每一次用起来却与想象中的效果大相径庭。这又是为什么呢？

有人跟你说她喝了某款减肥茶，没想到20天就瘦了10斤！假设你是第一次听到，刚好你有减肥需要，你一定很好奇是什么减肥茶能有如此奇效。如果你不再是第一次见到，而是第三次、第四次……见到，再如果你又看到类似的增发产品广告说用了20天之后头发变浓密了……此时的你，还会对类似广告文案感兴趣吗？

第一个吃螃蟹的人，会让很多人羡慕；出现无数个吃螃蟹的人后，旁观者会变得无动于衷。这就是因为失去了新奇感后，都是常见的事物，谁又会把注意力一直放在上面呢？

特别是当下信息过载，看到多次出现且同类型的文案，我们的大脑会下意识地选择忽略，往往是那种推陈出新的文案才会让我们眼前一亮。

所以，光掌握文案技巧还不够，还得要让文案有创意，而好的文案创意则源于积累。多学习经典文案，多阅读有助于提升文案水平的书籍。当然好的创意也离不开真诚，自古就有真诚得人心的谋略。

5. 发布时机不对

记得自己刚入行做营销策划那会儿，公司经常让我在每周五的下午编辑发送短信文案。对此我很是不理解，为什么偏偏一定要在下午三四点左右发送？哪怕此时的我忙到停不下来，也要先完成短信发送。

我的领导告诉我，发送这样一条营销活动的短信的目的就是让用户在周末时能来购物中心休闲娱乐。选择这个时间段，一般是因为大多数上班者在上了一下午班后会选择这时放松下，他们之间会相互轻松地聊天，自然会聊到关于周末的话题。

选对合适的时间，自然会影响用户做出周末计划的决定。随后，我发现不只是我所在公司是这样做的，同行也是如此。后来，我又发现所有涉及宣传类型的文案都不是随时、随意地发出，就像CCTV1晚7点准点报时的广告文案。

现在，人人都是个人品牌的自媒体时代，发布小红书、朋友圈、抖音等都有一定的时间规律。譬如小红书发布家居类的笔记，一般都是在下午时段，如果你选择在深夜发送，那么同一篇笔记也会呈现不同的曝光量。

想要自己的文案被人看到、被人传播，需要天时地利人和——找准客户目标心理需求、用户有参与感是人和，产品/服务卖点明确、文案有创意是地利，文案发布时机恰当是天时。

在写文案时，把这些都考虑在内，自己的文案想不被看到都难。写文案不是一蹴而就的事情，我们需要结合这些不断调整，形成自己的风格，这样才能让文案为你带来效益。

Day 2

　　文案常见的 5 种错误：产品/服务卖点不明确、未找准目标客户心理需求、不能激发客户的参与感、缺乏创意、发布时机不对。

第3天　写文案不等于写文章

提到写文案，很多人的第一反应就是"不不不，这一定很难，这得需要大量的文字功底才行"。但事实真的如此吗？答案当然是否定的，写文案并没有你想象中的那么难。

很多人以为，文案是高深莫测的，连文章都不会写，又怎么能写出文案来呢？可是，你会发现那些文案写得很好的人并不是擅长写文章的，而能写好文章的人也不一定懂文案。文案和文章虽只一字之差，但概念截然不同。写文案的人，不用拿出写文章的功夫，只需要你能做到市场化就行。

怎么理解呢？打个比方，你要卖出一瓶酒，要形容酒好喝，从文案角度来创作：滴滴香醇，每一口都是无穷回甘，也是淡雅深远。从文章角度来创作：初入口时的绵厚柔蜜，让我惊艳，再到落下肚时，满口清香在唇齿间绽放，我忍不住端起酒杯继续浅酌的一口。

看完上面关于对酒好喝的两种描述，你肯定会发现前者短小，后者句式偏长；前者少修饰，后者多形容。这就和我们日常生活中买东西时的情景一样，售卖者会以简短语言浓缩概括商品的特点以吸引你购买，而不是上来就对你进行长篇大论，用赞美式语言说自己商品如何如何好。简而言之，就是要用人人都能懂的语言写文案，而写文章要注重修饰和表达，旨在进行文学创作，让读者有思考的空间。

当然，我们说的写文案要做到市场化，就不仅是在篇幅长短和语言风格上，文案与文章的不同还表现在以下几个方面。

1. 目的

文案之所以会出现，其目的是为销售或服务进行宣传，是有明确目标的行为，对于商家来说，使用文案就是为了赢得消费者信赖，促使消费者采取购买行动。而写文章，人人都可以。作为一个作者，写文章是为了满足自己的情感输出需求，希望通过文章能表达某些信息、知识或观点，希望通过文章传播引起一定程度上的关注或共鸣，而非商业行为。

从目的性来说，就是商业和非商业之说。不过现在文案也分很多种，有些长文案就像文章一样，但最终的目的是为引流、转化销售，我们就只能称作长文案。

2. 受众定位

既然目的不同，那么文案与文章的受众就会不同。在市场营销中，受众就是消费者，就是客户。我们在写文案时，不是为写文案而写文案，而是在明确特定目标、把握受众的需求与特点后，再有的放矢。而广泛意义上的写文章，它的受众可以是每一个人，任何一个人都能成为读者。

> 男士一生仅能定制一枚。——DR钻戒

用特定的戒指象征一生、唯一、真爱的理念，主打特别定制的概念，满足即将步入婚姻的年轻男女的情感诉求。受众定位直接且精准，深受年轻男女的追捧。

3. 创意元素

文案是不拘一格的，不像文章一样有着格式或语言风格上的统一要求。想要自己的文案不一样，能被更多人看到，就得在创意上下功夫。特别是在现在自媒体行业越来越火爆的情况下，文案要写得好，还得出众。所以，在文案创作时会将标题是否吸引人、排版是否好看、卖点是否新奇及是否有互动性等纳入衡量创意性的标准。而写文章并不会注重这些，除了自媒体文章对排版有要求外，更多的是注重文章的内容是否有质量和深度。

你的时间不是时间，客户的时间才是时间

时间也分上下级

不接受996就是吃不了苦

……

这是钉钉在2018年投放的一组户外广告文案，在以上文案的下方都会有两行小字"#去他的职场规则#下一站——新工作方式"。而上面的文案则都被重重划上红删除线，但又能被认出。

这组文案被投放到地铁、公交站台等所有上班人必经的场所，用吐槽职场规则的方式来呈现文案，让众人眼前一亮，从而也让钉钉的潜在用户记住：一个不一样的手机办公软件。这组文案在标题、排版、卖点、互动性等方面都占据了优势，迎合了当时年轻人的主流需求。

4. 搜索引擎优化（SEO）关注度

若是放在互联网时代以前，写文案是不会考虑SEO的，也就是传统的纸媒、电视媒体、户外广告是没有这方面需求的。SEO 是伴随着互联网出现而产生的，主要目的是增加特定关键词的曝光率。而文案使用关键词能获得更多流量关注，这也就是我们常说的引流。现在写文章，大多会在网络媒体上发布，也会考虑 SEO，但文章的本质还是内容，只不过是通过 SEO 让文章有更多人搜索。

我们常见的网络热搜，如微博热搜榜、知乎、微信、新榜 10W、百度指数、今日热榜、抖音热搜等，都会涉及一些网络上比较火的关键词，我们在写文案时可以根据自己的受众、产品调性而参考使用，也就是"蹭热点"。不过，不同平台的热搜侧重点会不同，在热搜选择上要考虑自身的契合度，毕竟这既能引流也有可能造成负面效应。

5. 转化性

衡量一个文案是否成功的标准就是其转化率，即在投放期内受文案的引导或影响而产生的关注、点赞、收藏、评论、咨询、购买等行为，而转化次数与浏览量之间的比值就是转化率。文章一般而言不具有转化性，但自媒体文章的转化则会体现在阅读量、转发量、评论数的讨论上。

我们关注文案的转化率，不只是用来衡量文案的水平，而是通过文案追踪市场的反应，可以让我们在一段时期内通过实时数据统计进行分析，了解传播效果，及时做出改进和调整。

像做社群发售或是大型文案策划活动时，就要对相应指标进行重点关注，因为这与活动本身的销售目标有着非常紧密的关联。我曾策划参与过不少活动，有一次是给某位知名博主做社群发售，主要途径就是通过直播 + 社群的方式进行 8 小时联动。这时候重点追踪的就是直播相关的数据，而直播是一个时时变化的动态过程，对于外宣文案也是需要结合直播进行即时传播。

我们当天的目的就是要达成 10 万的销售额，如何达成这一目标？当然还是在于有多少潜在用户。潜在用户怎么来？除了前期通过私域流量吸引来的用户外，关键就在于这场 8 小时的直播联动，体现在停留时长、转粉率、付费人数、互动率、UV 值（平均每个进店的访客产生的价值）等方面，而我们在开场直播 1 小时内观看人数就达到了 1 万以上。这个过程离不开直播间以外的文案的即时创作、转化和分享。

6. 时效性

写文案和写文章在时效性上有着很大的区别。文章是常青内容，可以长期流传，就像唐诗宋词一样可以流传千古。但文案不一样，文案本身就是为销售服务的，一条文案就是根据当下市场情况和发展趋势创作的，它只是在一定时期内适用。当然，好的文案会一直传播下去，就像钻石的广告"钻石恒久远，一颗永流传"一样，但这句文案的意义已远超它的市场价值，而是在于有关文案本身的探讨了。

像春茶的文案就不能用作秋茶的文案，春节的广告文案也不会出现在中秋节。这就是为什么那么多品牌商家会根据时令、节假日进行营销，从而要不断地创作文案。因为用户在不同的时间节点会有不同的需求，市场在不同时期也会有不同的市场反应。

像百事可乐，在"把乐带回家"的长效知识产权（IP）基础上，每一年春节文案都会推陈出新。

2020年某明星代言："官宣啦！从此一起百事可乐！"

2021年结合微信红包："恭喜发放，大吉大利！锦鲤相伴！"

2022年结合微信搜索："摸瑞兽，上亿好礼一起抢。"

2023年与开心麻花微戏剧："打开百事'玉兔'新春罐，打开新年好彩头。"

2024年："家乡是一起抵达便觉得百事可乐的地方。"

除了百事可乐，还有很多其他品牌也结合春节这一热点，在每一年的春节重新包装定制新文案。

对于文案初学者来说，搞清楚写文案和写文章的区别后，就不会再把文案和文章混为一谈。虽然都是写作，但文案更偏策略性，而写文章，如果不是主题性写作，那么则更偏重自由表达。用一句话来理解，就是文案是在感性中表达理性，写文章则是在理性中表达感性。

当你弄懂这些后，就不会再觉得写文案很难，实际上写好文案是有章法可循的，在后面的内容中，我们将会带你揭开文案写作的神秘面纱。

Day 3

本节主要是帮助文案初学者克服对写文案的恐惧，告知写文案并非写文章，写文案要做到市场化。写文案与写文章，除了在篇幅、风格方面不一样外，其间区别还体现在目的、受众定位、创意元素、SEO关注度、可转化性、时效性这几方面。

第4天　写好文案的秘诀是懂交付

在文案创作的世界中,"懂交付"是衡量文案优劣的关键标准之一。我们经常听到"甲方""乙方"这样的概念,实际上就是双方就某一事项达成合作协议,一般而言,甲方是业主、是客户,乙方是提供服务的一方,在提供服务的整个过程中,乙方要按规定达成甲方的要求。同样,对于文案服务来说,作为文案创作者也要有甲方、乙方的概念,也就是要有交付。

很多刚涉足文案的初学者会把完成文案并提供给对方视为交付完成,如果是这样的话,那么你的这份文案是不成功的,因为你还不懂文案背后的真正客户是谁。文案并非是为"甲方"、品牌方提供的,而是需要你和他们一起提供给市场上的客户。简单点说,就是你的客户背后的客户。

当你能从这种角度出发时,你创作的文案就具有了能够交付的水平。我曾经带团队做公司的大型营销策划活动,营销活动内容确定了,但营销主题迟迟定不下来,主要就跟文案有关。我们是传统零售行业,正在转型开拓线上业务端口,面对的受众以原来的老客户为主，想借着公司周年庆推出我们新开发的购物App，与其他线上购物平台不同的是，我们可以实现线上线下联动服务。

如何通过文案传达出我们的主张？为此，我们的文案团队想出了好几十种方案，但都一次又一次被否决，原因就是我们的文案虽好，但缺少交付感。后来，我们决定直接面向我们的客户，采取随机访谈的形式搜集客户的需求，再结合公司的营销目标，最终敲定营销主题文案。之后，客户很快接受了我们的购物App服务，并以口口相传的方式传播我们的营销文案的关键词。与此同时，这一概念也在华南地区的零售圈内被频频模仿。

我通过这次的文案策划以及自己多年写文案的经验，很快得出了写好文案的秘诀，那就是懂交付。如何让好文案有交付感，关键就看文案是否具备ATO（AUDIENCE、TARGET、OPINION）原则。

1. 受众

直接地说，就是你的文案是写给谁看的。因为要交付的文案，必然要有交付对象。很多人以为自己的文案只需要对自己的客户负责，符合客户的需求即可，但要真正写好文案，就要搞懂文案背后真正的用户，即文案的受众对象是谁。

譬如说你要写某款儿童成长奶，那就去想谁需要喝儿童成长奶，谁会为儿童成长奶买单。这样一想，你就会明白是成长中的孩子需要喝奶，但具有支付能力的是孩子的父母。所以，你会很快发现市面上的大多数有关儿童成长奶的广告文案其实都是针对父母的，都是父母关心的痛点。

伊利QQ星儿童成长配方奶粉："认证'真'有机，双重保护力，专业配方，成长大不同。"

蒙牛未来星双原生纯牛奶："一挤下来就含有原生DHA和原生高钙的牛奶！"

如果把这两款牛奶的受众看作是儿童，那么作为受众的儿童无疑是看不懂的，只有作为父母的受众才会被打动，才会知道商家是在通过文案传递自己的需要。我们作为文案写作者，就是要站在市场的角度分析受众，而非从文字的角度臆想受众是谁。受众是通过相关数据分析和消费行为动作等得出来的理性名词，而文案是要用直白的语言去撬动理性之下的感性。

2. 目标

凡写文案，必有目标，也就是通过这条文案你需要达成什么目的。是品牌的美誉度？还是产品的销售额？抑或是引流带来的用户数量……没有一条文案是随意写的，所有的文案都是带有目标属性的。在写文案前，一定要搞清楚你要写的这条文案是为了什么，只有在确定目标的情况下，才能反向创作，而非天马行空，我们可以称作"以终为始"。

有目标的文案，才能更好引导做交付。身处自媒体时代，人人都是自己的品牌，要想做好自己的个人品牌，就需要以文案为桥梁，引流、关注、支付等都离不开文案的发挥。

但是，我们在自媒体创业初期，对于文案最容易忽略的一点就是将同一文案放在不同平台不同时段使用。文案本身没有问题，但就像你跟人聊天一样，同样的话题你不能在不同时间不同地点原封不动地跟A或与B说，因为A和B是不同的人。因为你创作的文案在诞生之时就背负着目标，如果你的目标是适用所有平台的（一般在只需扩大品牌知名度的情况下），那么照搬使用就问题不大，像个人品牌广告语就可以。

如果你设定的目标与用户数量、产品销售量相关，那么在创作文案时还得结合发布的平台，调整成适合该平台发布的文案，这样才能达成你想要的目标，甚至在多个平台取得不错的相关数据。

一个文案如果没有目标，就像船行没有导航，到不了彼岸，更谈不上交付。

3. 主张

所有的文案都是有主张的，就是让用户在看到你的文案后知道你在传递什么，如产品或服务的价值主张，用户通过文案就能知道自己采取行动后会得到什么。

文案中的主张一般分为无形和有形两种。无形是指没有在文案中直接表达，而是要通过文案的字面去理解。像江小白的文案，很多人看后会觉得很有共鸣，甚至扎心，因为它的文案其实就是在宣扬一种无形的主张，代表的就是它的品牌态度，刚好与消费者的主张是不谋而合的，这也是文案创作者常用的技巧。

学会喝酒后，才真正开始懂老爸。

有多少来日方长都变成了后会无期。

陌生人分两种，不认识的和假装不认识的。

江小白的文案一度被誉为文案中的"鬼才"，随后更多江小白式的文案兴起，实际就是将无形的主张贯穿在文案之中。还有一种有形主张，即在文案中直接表达，有点像是在喊口号、拉标语横幅。这种文案往往是简单直接、经久耐用的，一般直接体现产品特点、品牌价值观等。像我们的个人品牌广告语就可以采取带有形主张的文案，这样做的好处就是让用户能很快记住你。

"一个会写故事的营销策划人！"像这条文案，我们能够快速得到的点是营销策划、故事，再继续往深了想，这个人一定是更擅长故事营销策划。那么，当他的潜在用户看到后就很容易记住文案内容，特别是对有需求的人，精准定位。

不管是无形还是有形的主张，都是通过文案向用户传递自身价值，与用户能产生关联，有了关联，才有可能实现交付。

为了方便记忆，我把受众、目标、主张简称为ATO原则。如果不能确定自己的文案是否能交付，就看是否具有ATO原则。所谓好文案不只是文笔好，有创意，更重要的是能实实在在地带来效益。而这效益因人而定，不变的就是要有交付感。作为文案创作者来说，有交付感意味着要对自己的文案负责，与其创作众多平庸文案，不如创作一条好文案。

Day 4

从受众、目标、主张3个维度阐述如何创作出能交付的好文案。受众是理性名词，文案用直白的语言撬动理性之下的感性；目标与用户数量、产品销售量等相关，同时也需要考虑不同的投放平台；主张分为无形和有形两种，是为用户传递价值主张。

第5天　一个文案创作者必备的基本修养

想成为一名真正的文案写作者，你做好准备了吗？要知道，会写文案是一方面，文案背后的准备工作也很关键。为了能够让你在学习文案写作技能前，做好学习文案并真正成为文案创作者的准备，我将告诉你还需要具备哪些基本修养。

1. 市场洞察力

作为文案创作者，首先要明确文案是宣传的一种载体，是市场传播的桥梁，文案并不能脱离市场而存在。一个擅长写文案的创作者，必须保持敏锐的市场洞察力。

首先要了解自己服务产品的目标受众、需求、偏好等，再就是同行内同质产品的市场特性，能够在了解自身产品的情况下研究市场的发展趋势，在进行文案创作时能将市场因素融入其中，以便创作出更有吸引力的文案。

就拿我自己来说，我是一名新媒体创业者，我的产品主要跟新媒体写作相关。为更好地推出自己的产品，让更多用户知晓，我在进行自己的产品宣传时，会做多家横向对比，了解同行产品的特点，同时也从自己的老学员那里搜集一些关于我的产品的声音。最后确定需要宣传的产品的文案。

你看，小到我这样一个个体都需要具有市场洞察力，更别说那些大品牌在进行文案广告投放时，要对市场具有怎样的洞察和研究。

2. 创造力

文案工作并不只是单纯地与文字打交道，更重要的是文案创作者能用相同文字传达出不一样的味道。这意味着文案创作者要懂创新，有创意，思维活跃，能大胆地打破传统，让文案别具一格。

为什么文案越来越被重视？在自媒体时代以前，文案还不是一个高频词，自从各大电商崛起、不同社交平台出现、短视频兴起，文案不再局限于大品牌使用，再小的个体也需要有文案。但普通的文案已经难以满足大众的需求，因为信息过载，用户无法在短时间内做出筛选，只会看到新奇的、不一样的、突出的文案信息。这时候，与众不同的文案就显得尤为重要。

像江小白白酒、卫龙辣条、杜蕾斯，就是在近年之内通过文案让大众进一步熟识，并通过文案的包装让自己的产品进一步占有更大的市场。如果你也想让自己的文案出众，那么建议你把这些品牌的文案都拿来学习参考。江小白文案胜在共情，以情绪带动用户；卫龙辣条的文案创意在于文案设计，让看似低端的零食从此走向高端；杜蕾斯文案擅长借势蹭热点，让成年人不能宣之于口的"秘密"变得光明正大。

3. 沟通力

文案创作者并非只是伏案工作，除了要创作出好的文案外，也要具备一定的沟通能力。如果你要打造的是个人品牌，你需要与你的用户沟通，聆听用户的声音，并积极接受反馈，以便改进文案写作技巧以及产品或服务品质。如果你只是单纯地产出文案，那更需要沟通力，因为你要与客户沟通产品、品牌、服务，确保能体现客户想要的，让客户满意，帮客户解决问题。

如果你有团队，你的文案只是其中一环，不仅需要向上汇报，也需要向下管理，更需要平级之间的有效沟通。因为你的文案要在有限的规则范围之内做到让所有人满意，就不仅是写出文案，还要把你的文案当作你的产品，你要先让你的产品在内部得到好评，才能将它放到市场接受检验。

很多人误以为文案不需要遵循这些"繁文缛节"，实则不然。毕竟每个人的文化意识和价值观是不一样的，如果在文案创作时不能准确地表达自己的文案创作意图，那又如何能让自己创作的文案在市场中进行传播，得到用户的响应呢？

4. 持续学习力

学习是一个永不过时的话题，对于文案创作者来说，也是必须具备的基本修养之一。特别是在这个瞬息万变的时代，只懂得文案写作技巧是不够的。随着 AI 的出现，各种 AI 文案工具的诞生，很多公司取消文案岗位，就是认为 AI 文案可以取代人工。

不过，你可千万不要误会，以为文案真的没那么重要。我想告诉你的就是文案创作者更需要与时俱进。文案本就是一个需要不断有新创意的创作，而新工具的出现只是帮助你提升文案创作效率，并非取代文案创作者本身。

文案创作者要不断地学习，可以多看多学习优秀的文案作品；也可以广泛阅读跟市场、跟文案相关的书籍，也可以阅读诗歌、小说等文学作品；更需要学会使用文案的创作新工具与新技巧。

如果你每次服务的文案对象不同，你还需要学习文案背后的产品，了解它的市场定位，学习它的品牌理念和核心价值，这样才能保证你创作的文案是最贴近市场需求的。

5.时刻保持稳定心态

文案创作看起来是一个美妙的过程，但实际上只有真正写过文案的人才懂，好文案真不是一次性就能诞生的，好的广告语，好的文案标题，好的广告软文……大多都要经历一个反反复复修改的过程，有时甚至还要接受多人的指点、修正。

但是，当你的文案以完美之姿呈现在用户面前，并得到用户的正向反馈时，你又会感到一切都是值得的。我曾经为了写一篇公司新品上市的公众号软文，前前后后修改了不下20次，其中光标题就修改了十多次。在这个过程中，不只是自己改，还要在改完后由团队的人提意见，听到他们每人一句不同的建议，我真的感到快不会写了。直到最后发出，看到产品的预售数据在不断上升，公众号关注人数也翻倍增长，我才明白文案就是要先经历内部较真后才能去市场历练兑现。

如果当时的我沉不住气，放弃修改，放弃接受建议，那更合适的好文案就不会诞生，那现在的我也不可能精通文案写作，以自己的经历总结出如此多关于文案创作的技巧与经验。

所以，文案的创作过程不只是写出来，在这个过程中，文案创作者要保持稳定的心态，才能让文案有更多可能，与你合作的客户和你的领导才会更欣赏你的文案创作态度。

以上这些就是文案创作者必备的基本修养。除了这些，在文案创作过程中还需要有时间观念，能够对自己的文案工作进行合理安排，保证在截止日期前高质量完成文案工作，同时也要给自己留有修改和完善的余地。

有一点需要注意的是，文案创作要注意用词严谨，因为文案大多会涉及产品或服务宣传，我们要避免创作有误导性或不真实的文案，同时也要遵守相关广告规则。不要使用敏感词汇，更不要与政治、宗教信仰扯上关系，否则砸的不只是产品品牌，更是你自己文案创作的个人品牌。

想要成为一名真正的文案创作者，请先保证自己具备这些基本修养，如果你已经具备或已经做好准备，那么就可以开始关于文案技法的学习了。

Day 5

本节从市场洞察力、创造力、沟通力、学习力、心态5个维度阐述文案创作者必备的基本修养，另外也说明了时间管理在文案创作中的重要性，还有文案创作中要注意的用词。

第二部分

技法篇

在前一篇中，我们讲了关于文案的心法，接下来我们正式进入关于文案的技法篇。

写文案不等于写文章，但写文案和写文章一样，也讲究文笔和深度。虽然文案就是通俗的大白话，意图让人人都懂，但大白话也是要讲说话艺术的。有技巧的和没有技巧的，有创意的和没有创意的，最后达成的效果是完全不一样的。

我们写文案并非为文案本身服务，而是要让用户通过文案看到文案背后的产品、服务、品牌，并能与之产生链接。用户情绪至上，在写文案时，需以用户的角度思考，理解用户的感受，共情用户的情绪，这也是写文案的技法之一。

我们常常把写文案的技法放在写上，实际上还要懂文案背后的技法。文案除了日积月累外，也需要结合当下的发展趋势去思考，更新文案写作技法。

懂得追热点，也知道文案写作的基本技能，将市场思维与文案写作技能结合，才能写好文案。

第6天　如何提升文笔和文案思想深度

有的人对事物的感悟特别灵敏，可以很快将色彩、味道、声音、情感等用恰到好处的语言表述出来。即便这样，要想长期稳定地写出好文章，还是需要大量的读书和写作训练。写作是一项艰辛的体力与脑力结合的劳动，我们必须多看、多听、多思考、多写。

1. 有意识地训练

（1）多阅读经典

关于多看，作家雪小禅说："成为一名作家的前提，最好是成为一名大杂家，没有看过一万本书，就不要想当作家这回事。"

在阅读门类上，不要局限于某一个领域，中外作品，包括心理学、历史人文、自然科学、古典诗词等领域都需要涉足。这样，我们写作才会有全面的知识体系支撑，文章才不会单薄。这就是很多作家都懂历史、哲学、心理学等方面知识的原因。

提升文笔，多读经典作品是每个写作者必须做的事。一个人的涉猎毕竟有限，如不具备举一反三的能力，写出来的东西也会很片面、肤浅。但随着阅读量的提升，作者看得多了，就会有鉴别好坏的能力，逐渐形成一个独立的知识构架。在这个基础上，语言逐渐丰富生动，慢慢形成自己的写作风格。

韩寒17岁便写出了销量过百万的小说《三重门》，他的阅读量在高中之前就已经达到了2000多本书。《萌芽》曾报道，他的书单中都是一些晦涩难懂的古书，这些书在潜意识里锻炼了韩寒对文字的敏锐度和渗透力。

我在直播间为学员推荐提升文笔的书单，有世界十大名著、国内四大名著以及洪应明的《菜根谭》、吴楚材和吴调侯的《古文观止》，这些作品是书单中的必列项目，需要反复读，哪怕每天只读两页，它们也会润物细无声地影响我们。其中楚辞、汉赋、唐诗、宋词、元曲等，这些都是大浪淘沙后的精华，不要贪多，不要贪快，看一句懂一句，看一段懂一段，它们会慢慢刻在我们的脑海里，日积月累下来，都是提升文笔的好素材。

（2）"炼字"的艺术

写作是细化到字的工作，通俗点讲就是"码字"。以前有人说"炼字"，就是说我们需找到最适合的单字去描述物或事，再把单字连起来串成句子。用字对于写作，如同一串基因序列，体现你写作的个性与内涵。

平地高楼起，码字是一项很辛苦的劳动，只有写作到一定程度，才能在高楼上看到更美的风景。

唐朝著名的苦吟派诗人贾岛，他的《题李凝幽居》中有句"僧推月下门"，可他觉着"推"似乎不太合适，不如"敲"

好。嘴里就"推、敲""推、敲"地念叨着。不知不觉地，就骑着驴闯进了大官韩愈的仪仗队中。贾岛将自己做的这首诗，其中一句不知是用"推"好还是用"敲"好的事向韩愈说了。韩愈听了哈哈大笑，对贾岛说："我看还是用'敲'好，万一门是关着的，推怎么能推开呢？再者去别人家，又是晚上，还是敲门有礼貌呀！"贾岛听了连连点头，还和韩愈交上了朋友。

"推敲"从此也就成了脍炙人口的常用词，用来比喻做文章或做事时，反复琢磨，反复斟酌，也就是所谓的"炼字"。

杜甫《春望》："感时花溅泪，恨别鸟惊心。"炼字是"溅"和"惊"。诗人张先的一句诗"云破月来花弄影"，炼字是"破"。

我们现在仔细来品，这几个动词都用得极妙，可见炼字的重要性。有时，只一个字就能让一句话、一首诗灵动起来，且表达了一种非常的境界。

（3）写作离不开思考

"读万卷书，行万里路。"这是我们常挂在嘴边的一句话。我们通过旅游增长见识，但不仅是见识到就可以了，还要有自己的思考。不然难免落入"到此一游"的俗套方式。一位优秀的作家哪怕是生活在僻乡，他也可以通过当地的风俗、习惯、人情世故、俚语趣谈等，描绘出妙趣横生的乡野情味，其实这些都是鲜活的写作题材。

生活处处都是题材，不一定要来一场远行，内心的思考程度更能体现写作的深度。写作不是走马观花似的形式主义，是细心观察后的洞见，要把每一次出发看作一场修行。

写作也是一门"抓"的艺术，抓住时间，抓住情感，抓住经历等，给大众阅读的文字，至少要基于一定的生活逻辑而写。对于自己没有经历的事情，没有一定的事实做依据，这样的写作是一种冒险的行为。如果自己亲身经历，哪怕别人觉得不可思议，也有真实的底气，因为这样写出来的文字才是最自然、最生动的，才更有说服力。

阅读量增多，写作锻炼增多，自身经历到达一定程度以后，可以将一些自己的感悟和对世界的看法，融入写作的万事万物中去。理论来源于实践，写作体系成熟后，即便故事是自己虚构的，写出来也会符合逻辑。故事可以是虚构的，但情感是真的，让读者感受到"真"情在里面，这非常重要。

好的作品，情节环环相扣，让人身临其境，欲罢不能。很多作家开始写作都是从故乡写起，因为故乡是一个人内心最熟悉的领域，情感表达也容易深入。我曾写过一篇《记忆里门前的小路》，这缘于回到老家时看到日渐萧条的村庄，便想起在这条路上的点点滴滴。我从最早记忆里的泥泞小路写起，到石子路、水泥路，再到我曾经和发小在这条路上学骑自行车、学骑摩托车的经历。之后随着城镇化的快速发展，村庄只留下老弱妇孺，路边长满了野草；而在我的梦境中，总会出现记忆里的那条小路……一篇生动的文章便自然成篇了。

当我们看过几篇怀旧文章，也会产生共鸣，这时就有了写作灵感。同时多记一记、背一背别人文章中的金句，做好摘抄和记录，这都是提升文笔的基本方式。

（4）精准用词的好文笔解析

在精准用词方面，张爱玲是写作高手，她总是能一针见血地说出人性深层次的东西，其文字犀利精炼，直指人心，她的天才式表达让人叹为观止。

张爱玲《色戒》中的故事发生在20世纪40年代，女大学生王佳芝利用美色接近汉奸易先生意图行刺。她成功勾引易先生并准备下手时，却发现自己动了真情，紧要关头，她通风报信让易先生逃过一劫，结果易先生却狠心地对王佳芝赶尽杀绝。

小说临近结尾时，张爱玲这样写易先生的心理独白：

他觉得她的影子会永远依傍他，安慰他。虽然她恨他，她最后对他的感情强烈到是什么感情都不相干了，只是有感情。他们是原始的猎人与猎物的关系，虎与伥的关系，最终极的占有。她这才生是他的人，死是他的鬼。

张爱玲没有用"自私""恐怖""变态"这样的词来形容易先生，可读者却看得毛骨悚然，完全能够透过这一小段文字感受到易先生的恐怖与毒辣，还有他骨子里的那种极端与疯狂。

这就是张爱玲文字的张力，也是真正的好文笔。没有华丽辞藻的堆砌，也没有炫酷复杂的句式表达，读后却震撼人心。

用词精准是一名优秀写作者的基本要求，也是一篇文章能够打动人心的关键要素。

我们再来看一段张爱玲的《听花落的声音》，感受精准的语言表达。

家中养了玫瑰，没过多少天，就在夜深人静的时候，听到了花落的声音。起先是试探性的一声"啪"，像一滴雨打在桌面。紧接着，纷至沓来的"啪啪"声中，无数中弹的蝴蝶纷纷从高空跌落下来。

有一种花是令我害怕的。它不问青红皂白，没有任何预兆,在猝不及防间整朵整朵任性地鲁莽地不负责任地骨碌碌地就滚了下来,真让人心惊肉跳。

曾经养过一盆茶花,就是这样触目惊心的死法。我大骇,从此怕茶花。怕它的极端与刚烈,还有那种自杀式的悲壮。不知那么温和淡定的茶树,怎会开出如此惨烈的花。

只有乡间那种小雏菊,开得不事张扬,谢得也含蓄无声。它的凋谢不是风暴,说来就来,它只是依然安静温暖地依偎在花托上,一点点地消瘦,一点点地憔悴,然后不露痕迹地在冬的萧瑟里,和整个季节一起老去。

这段描述夜深时听花落声音的文字,我尤其喜欢张爱玲用的"啪"和后面的纷至沓来的"啪啪",这两个象声词用得极妙,让文章非常生动。"试探"二字,用的是拟人化的写法,显示玫瑰尊贵、矜持、娇羞,或者不确定;"无数中弹的蝴蝶"这句形态描写,更是让整段文字都活泼起来了。

这段文字,表面看起来作者是在描写景物,却以动写静,写出夜晚的万籁俱寂,烘托了作者内心的宁静。托物言志,表面写花实际写人,借几种花的不同凋零方式,隐喻着不同的人生观和生死观,表达了作者本人对生命的终极思考,欣赏这种不事张扬的生活方式和态度。

2. 升华主题,避免"自嗨"

哪怕我们在写一个很不起眼的小物体时,在文章的末尾都可以升华主题。如我所写的文章《记忆里门前的小路》,我通过老家小路的变化,在结尾升华主题,突出时代的发展变迁、乡村的逐渐落寞、个体在滚滚潮流下的无力感。很多文友和学员看到我这篇文章后,也立刻有了想写一写自己老家小路的冲动,这就是文字的力量。

大家都应该看过杨朔的散文作品《荔枝蜜》,在文章开头,作者写自己曾被蜜蜂蛰了一下,因而看到蜜蜂心里就不舒服。继而,作者描写了荔枝蜜的甜香(写物),不觉动了情,由蜜想到酿蜜的蜜蜂,便到蜂场去参观——荔枝林深处的"养蜂大厦",从蜂农老梁的交谈(写人)中以小见大,升华主题。

我的心不禁一颤:多可爱的小生灵啊!对人无所求,给人的却是极好的东西。

蜜蜂是在酿蜜,又是在酿造生活;不是为自己,而是在为人类酿造最甜的生活。蜜蜂是渺小的;蜜蜂却又多么高尚啊!

透过荔枝树林,我沉吟地望着远远的田野,那儿正有农民立在水田里,辛辛勤勤地分秧插秧。

他们正用劳力建设自己的生活,实际也是在酿蜜——为自己,为别人,也为后世子孙酿造着生活的蜜。

这黑夜,我做了个奇怪的梦,梦见自己变成一只小蜜蜂,酿造着未来……

如果一个作者只是局限于写表面的小我,只看到浅层次的一角,那么他的文字很容易给人感觉是小学生的"日记体",如同他一个人在自嗨,在唱独角戏。

即便是写平常的物件,我们也要写出自己的深意和情感,切记要拔高主题内涵。哪怕是写母亲节,最后也可以加上:"祝普天下所有母亲节日快乐!健康喜乐!"

我写过一篇《我奋斗了18年才能和你坐一起吃火锅》的人物品牌故事文案发在微博。这篇文章在公众号里的标题叫《殊途同归》。实则标题模仿了当时杂志上的一篇爆款文,麦子的《我奋斗了18年才能和你坐一起喝咖啡》。

我写这篇文的素材来源于合肥一位学员邀请我聚餐吃火锅,虽然我们之前在微信群里有互动,但是与她吃饭聊天,才知道她的起点真是我奋斗的终点,当即有很多感受。于是我有了这个文章的主题内容,我用了两条时间线穿插其中,从现在又倒回到过去,写我们俩不同的生活环境。那篇文章后面写到,我只是从那个环境跳出来的幸运儿而已,而大多数人仍然在工厂里日复一日地劳作,大多数人依旧在重复上一代的命运……

《我奋斗了18年才能和你坐一起吃火锅》(摘选)

同是80后,当你们在书海尽情遨游的时候,我的九年读书生涯里,因家贫,从没有一本课外书和新华字典。三年级上算盘课的时候,我是全班唯一没有带算盘的学生。所幸,算盘很快退出了历史的舞台。

那时每天都自卑到骨子里,冷眼与嘲笑无处不在,上哪我都会有低人一等的感觉。

不管生活多么残酷,时光的车轮,它自顾自地转动。兜兜转转18年过去了。因为自媒体,因为文字,现在与我交往的朋友们绝大多数都是大学生,其中不乏名校生,看起来我与他们并没有太多差别。

可是我无法忘记奋斗历程中那些艰苦的岁月和历经的磨难,或者说是忆苦思甜吧!当年那些和我在一起的工厂同事们,他们依然在单调枯燥的环境里,看不到梦想为何物,我只是其中跳出来的幸运儿而已。

环境是一切问题的根本,那些同事里不缺有才情有特长的人，只是囿于被圈子所局限，没有机会看到更广阔的天空，他们不得不与命运和生活妥协……即便我们知道世界有多么不公，但并不能成为我们安于现状的借口。努力了，奋斗了，才能有点希望。

罗曼·罗兰曾说，世界上真正的英雄主义，就是认清生活的真相后依然热爱生活。不管起点的差距有多大，但这并不妨碍我们热爱生活，跟世界周旋，同自我和解。

人生有千百种模样，领取属于自己的那一份。我们都在种瓜得瓜，我们也终将殊途同归。

我用18年的时间相互交叉对比，我代表了80后早早辍学的一类人，而我那个学员朋友代表了父母重视文化教育，家庭环境良好，自身素质过硬，毕业于某知名985学校，曾去过多个国家游学的那类人。

通过我和她的成长故事，升华到我们两种层次的区别，同时我想传递正面积极思想，"条条大路通罗马，有人就生在罗马，但不妨碍我们热爱生活，同自己和解……"

这篇文章在各个平台的反响都不错，留言互动很多，让许多人产生了共鸣，或许真情实感就是最好的，文学的最高技巧是返璞归真吧！如果我只是记录我们一起吃火锅，吃了什么菜，仅限于此的话，就有点像日记体，整体效果就逊色不少，受人欢迎的文章要有思考总结，要有故事有观点。

3. 如何精炼语言

一篇上等好文，必然情感丰富，情节紧凑合理，让读者意犹未尽。凝练的文字会让人不想错过文中的每一个细节，每句话都像是一串珠宝的组成元素，少一句就缺乏灵魂，多一句显得冗杂。

在这方面，作家阿城尤为出色，他的文字凝练简洁。阿城的《峡谷》中有一句是这样的：

骑手望望门，那门不算大，骑手似乎比门宽着许多，可拐着腿，左右一晃，竟进去了。

阿城的语言就是这样，短，但有力、有劲、有节奏。句短但意长，并不因为短小就失掉了内涵，反而可以营造一种更加生动的效果，他的文字真正做到了"大道至简"。

再比如阿城的《棋王》：

说着就在床上坐下，弯过手臂，去挠后背，肋骨一根根动着。我拿出烟来请他抽。他很老练地敲出一支，舔了一头儿，倒过来叼着。我先给他点了，自己也点上。他支起肩深吸进去，慢慢地吐出来，浑身荡一下，笑了，说："真不错。"

阿城的文字朴实无华，没什么形容词，也没什么废话。他擅于白描，用词精简，爱用动词，很少用形容词。描景写物，叙事写人，寥寥几笔，就能将场景、气氛、形态勾勒清楚，甚至细微之处的心理和动作都刻画得极其到位，每一句话都很有嚼头，有一种看透世情、力透纸背的感觉。

那我们怎么才能让文字凝练，拥有一定的思想深度呢？这不是一蹴而就的，需要我们平时用功，有意识地培养，这是一个长期磨炼的结果。对此，我有几点建议可供参考。

（1）多读古典文学作品，最好有一些古诗词的知识储备

很多作家对古典诗句信手拈来，慢慢将其演变成自己诗意化的语言，落笔几句，让人回味无穷。中华上下五千年，流传的经典诗句都是文化浓缩的精华。

中国古典诗词常常以精炼的笔墨传达出丰盛而大气的内涵和知识，每个字都经过精雕细琢。就算最浅显的句子，比如"春风又绿江南岸"中的"绿"字，将画面的生动、时间的流逝，春天万物兴荣的姿态都描绘于纸上，只需要这么一个字，就可以达到不一般的效果。

另外，古诗的韵律都很讲究，读起来朗朗上口，几句话就能交代一件事情、一种情感。不管是看还是读，对读者都是一种享受，有一种潜移默化的影响力。

（2）多体验生活，对同一件事物有不同面的理解

如果写作者都是从普通方向去思考，行文毫无特点，缺乏主见与自己的判断，就不能实现写作创新，这样写出来的内容也很容易让人有心理上的疲乏感。

只有从不同的思维角度出发，才能创造出特别的文字，其表达也会显得更加多元化。

写文章不是让你坐在屋子里拼命去想，读万卷书只是一方面，也要走出去，多看、多听、多闻、多思考。只读书，脑海里留下的都是别人的文章，无形中会不自觉拼凑别人的文句成为自己的表达，模仿痕迹很重，写作缺乏灵魂。一个真正的写作者，一定要深入生活，去体会生活，拥抱生活。

鲁迅曾说写文章要"去粉饰、少做作、勿卖弄"。刚开始写文案的新手容易犯这样的错误，想来想去脑海里都是华丽的辞藻，恨不得语不惊人誓不休。这样的内容表面上看好像很美，但是读了一大串文字后没有一点值得回味，反而有一种腻的感觉，显得文章空洞没有力量，读后也难以让人留下深刻的印象。这种文字如同是在凑字数，让人感觉曾在哪里读过类似文字，毫无特点，没有看下去的欲望。优秀的作家之所以有作品广泛流传，他们的语言一定是富有特色的。某种程度上来说，写作是求异的过程，文学才会百花齐放，如果千篇一律，就丧失了文学的意义。

文章是一个整体，要前后呼应，并且符合逻辑，引人入胜。把一些无关的人与事牵扯进来，没有关联与因果，会让人很快产生倦怠，失去兴趣。也不要过度抒发情感，滥发议论。简单的事情就简单表达，以免让文章显得拖沓冗长。

我们经常在写文案的时候适当穿插一些典故、格言，如果在不必要的情境下引入过多，表面让人觉得作者阅历丰富，文章有理据，实则会破坏整体文字的连贯性与语言美感，使人有种通篇都是别人的语言之感，缺乏创造性。

写作在某种程度上是一种克制，只有下足功夫，才能达到预期效果。

（3）让金句为文章增色

我们现在所看到的优秀文章，不但有观点，有信息量，还篇篇都有金句。所谓"金句"顾名思义就是让人心头一亮的好句子，像金子一样宝贵。金句读起来铿锵有力，朗朗上口，让人过目不忘，久久回味。虽短小精悍，一般不超过4句话，但它能直击人心，胜过千言万语。写文章时，恰当地运用一些金句，能让文章熠熠生辉。

所有优秀文章一定有让人念念不忘的金句。我们来欣赏下面的一些金句：

我们没有办法完全实践自己所写的。但我们尽力而为。——加缪

人生最先衰老的不是容颜，而是那一份一往无前的勇气。——摩西奶奶

有些鸟是注定不会被关在牢笼里的，它们的每一片羽毛都闪耀着自由的光辉。——《肖申克的救赎》

这是最好的时代，这是最坏的时代，这是希望之春，这是失望之冬……人们正在直登天堂，人们正在直下地狱。——狄更斯《双城记》

孩子，愿你慢慢长大，愿你有好运，如果没有，希望你在不幸中学会慈悲；愿你被很多人爱，如果没有，希望你在寂寞中学会宽容。——刘瑜《愿你慢慢长大》

没有任何道路可以通向真诚，真诚本身就是道路。——罗振宇

天空没有留下鸟的痕迹，但我已经飞过。——泰戈尔

这些金句有力量，有思想深度，让人看后拍手称快。如果一篇文章没有金句，就如同炒菜没有放盐一样，让人觉得寡淡。

写作者可以把平常看到的金句建个"金句库"收藏起来，多看多背，写文章时翻一翻，看看哪句适合用在文章里。

当写作能力提高后，我们也可以试着仿写。写金句一般可以采用押韵、类比、对仗等方法，这样读起来顺口，有力量和节奏感。

另外，我们在写文章时，也可以在搜索引擎中加入关键的句式。比如，搜"不是……而是……""只有……才……"等，最后挑选出自己满意的金句。

还有以下常见的金句句式，前后有关联性；有的是押韵句

式，读起来很顺畅响亮：

ABBA 句式

普通的改变，将改变普通。

不是有希望了才坚持，而坚持了才有希望。

岁月不饶人，我亦未绕过岁月。——木心

你不理财，财不理你。

人类必须终结战争，否则战争就会终结人类。——肯尼迪

当你凝视深渊，深渊也在凝视你。——尼采

ABBC 句式

一生二，二生三，三生万物。

要么出众，要么出局。

越努力，越幸运。

押韵句式

世间所有的内向，只是聊错了对象。

持续分享，黄金万两。

关于金句，越积累越丰富。方法很多，与人交流中、在看电影和书籍时留意记录，在寻常生活里搜集，做生活的有心人。然后恰当地运用在自己的文章里。初期模仿或改写金句，长此坚持训练，最终我们也一定能写出准确表达观点、启发心智、引人共鸣的原创金句。其实，创作金句，也是作者思想的一次凝结，文章中的金句，能最大限度地吸引他人的注意力，提升文章的格调。

（4）好文案离不开修改

古今中外，但凡优秀的文章必然离不开反复地修改。茅盾先生曾说过"成篇以后，要努力找出多余的字句来删掉。用四个字够了就莫用五个字"。鲁迅也说过："写完后至少看两遍，竭力将可有可无的字、句、段删去，毫不可惜。"

我们在写文案之时，关注点在内容布局上，往往不能及时看出不妥之处，这便是所谓的"当局者迷"，但是看别人的文章，一眼就能看出错处。

我们可以与关系好的文友相互点评提意见，对方或许更容易看到我们所忽略的问题，以此让自己的文章用词更加简洁、精准。

每当写好一篇文章后，放上几天，读上三遍，从前往后读，再从后往前读，最好大声朗读，检查是否有漏字或多字的。朗读的过程调动了视觉和听觉，让我们知道哪个语句拗口，不够流畅，便于修改和优化。

要学会摒弃一些多余的字词，如："的""了""得"，如"美丽极了""漂亮极了""好看极了"这些字词用得多，读上去略显幼稚，如同学生体作文。在一篇文章中，同一个成语或词语最好不要用两次以上，否则会让人觉得作者词汇量匮乏。

在修改中我们可以反复推敲语言，进行润色。主题思想是否明确？是否有跑题现象？文章是否有逻辑性？条理是否清楚？段与段之间过渡是否自然？语句是否通顺？语法、标点符号是否有错误？不要害怕麻烦，好的文章都是三分写七分改。

朱自清当年写处女作《别》时，写好的初稿放在那里，每隔一段时间就取出来，几千字的小说，他从初秋改到深秋，这种严谨的态度伴随他的整个写作历程。美国著名作家海明威的《老人与海》，累计修改了200多遍，最后只留下原稿的1/10内容。

作家秦牧曾经说过，修改，并不是消极的改错而已，实则它是又一次积极的创作，是去粗存精的过程。

优秀的文章都是来自不断地修改完善，这是一个精进努力的过程，这是我们练习写作的秘诀，也是我们打磨好文章的技巧，所谓："文不厌改"。

（5）提高文章的外在美观度

文章的"美观度"，就是文章打开后让人一眼看上去的体验感。

新媒体时代，大家习惯移动端阅读。不管你的文章发布在哪个平台，排版字体一定要看着清爽舒服，不要让读者产生视觉疲劳。

每个人每天的工作和生活中，本来就有很多烦心事，再去看密密麻麻的文字会有心累压抑之感，即便你文笔再好，内容再丰富，倘若不注重排版，读者根本没耐心看完。这样文章就错失了被读完、被传播的机会。所以排版特别重要。

通常微信公众号文章的排版字体用15号字，行间距是1.6倍，两边要有留白空间，每隔四五行文字就要空格一行，再换个段落；每隔三四个段落配上一张图片，引用名人语录加上引号并加粗，内容中的金句也要加粗重点突出。上下小标题要留白，文章内容字体颜色不要超过2种，以免显得太花哨杂乱，我们要提升读者阅读快感，提高文章浏览率。

如果文章发布在其他自媒体平台，同样也要结合图文排版，默认字体，一篇文章根据内容长短配上3～6张与内容契合的图片，整体风格要统一，让读者看起来一目了然，给人以美的享受。

另外，我们在写文章的时候，要少用长句，多用短句，简洁明了，尽量使语言凝练，让大众好读、好懂，提升视觉体验感。

Day 6

提升文笔，要多读经典，多思考，写文案要升华主题，引人共鸣。多琢磨推敲，学会"炼"字，文案写好后要放几天，大声阅读多修改，好文案是改出来的。学习仿写金句，为文章增色。新媒体时代，要提高文案的美观度，提升读者的视觉享受和文章读完率。

第 7 天　创意文案，撬动用户的情绪

所谓文案，就是说了你想要的，也说了我想表达的。好的文案源于创意，有创意的文案不仅是想要的，也是想表达的，更是让你耳目一新、戳中心窝的。

如何让自己的文案脱颖而出？如何让自己的文案看上去不一样，更有记忆点？我们要先了解一般的文案和创意文案之间的区别。对于创意文案来说，它和一般文案一样，都是要吸引注意力、传递核心价值、引发情感共鸣，同时也符合品牌调性，但不同的是更加注重创新与独特性。它需要创作者有敏锐的市场洞察力，又有着良好的语言与情感驾驭能力，以不同的方式或风格吸引目标用户。

在写创意文案时，我们可以从以下几个方面着手。

1. 了解你的目标用户

不管是进行文案创作还是活动策划，都需要提前了解自己的目标用户。文案本身就是一种宣传方式，创作文案的第一原则就是从用户出发，给用户想要的。我们可以了解目标用户的日常行为、兴趣习惯、需求等，以此来有针对性地制订文案

策略。

如你的产品是文案写作课程，那么你就得先清楚你的产品要卖给谁？在校大学毕业生？在职人员？宝妈……不同的群体必然有着不同的需求点，对于文案的创意也会有着不同的情绪反应。在校大学生日常以学习为主，想要兼职赚点钱；在职人员希望在主业之外多一份副业，多赚点钱；宝妈想在全职育儿的间隙里能赚钱获得经济独立……从这些不同的群体目的可以看出，都需要赚钱。那么在进行文案写作课程的相关文案创作时就可以围绕赚钱这个共同需求点展开。

但是如何让"赚钱"这个点变得不一样呢？创意是关键。别人说赚钱是赚钱，而你想要通过创意文案表达赚钱，那就需要换一种不同的说法来撩拨用户。

无论你是在校大学生、职场新人还是忙碌的宝妈，精通文案写作都能为你打开财富大门。

人人都能学会的搞钱技能，碎片时间低成本投入，快速上手文案写作变现！

以上两种文案突出的卖点都是赚钱，你会选择哪一种？不用说你肯定会被第二种吸引，因为第二种更有创意。

2. 差异化视角

你的文案之所以与众不同，那是因为你和别人创作文案的角度不一样。没有人喜欢千篇一律的文案，人们更喜欢新鲜有趣的。想要文案创意十足，就要避免模式化的语言。你可以借鉴一些经典或是尚在热点阶段的文案，但你必须保证自己文案的独特与创新性，要有不同的视角。

所谓差异化视角，就是不破不立，大胆想象，尽情发挥。

就像小学生写作文一样，表达一个人帅不是只对他的外貌进行描写，可以是一个动作也可以是一个小故事。

3. 故事植入

相比起平铺直叙的感情赞美，人们更喜欢有故事嵌入的信息。相信很多人都听说过故事营销这个概念，文案也一样。文案不全都是形容词，也可以是一个故事，特别是在近年来兴起的短视频中，有故事意味着有场景，更容易让用户代入其中。

不知道大家是否对百岁山的一则广告有印象？在长达一分钟的视频中，一位坐着马车出行的漂亮皇室公主，在街头和一位落魄的老人邂逅，然后两人因为一瓶矿泉水相互对视。最后画外音："水中贵族，百岁山。"整个视频广告只有音效，没有任何文本出现，但是很多人因此记住了这个让人有些摸不着头脑的广告，百岁山也逐渐树立了高端水的品牌形象。

这就在于百岁山的这个故事有争议，同时也激发了用户的好奇心，甚至有人扒出来这是以数学家笛卡尔和瑞典公主为原型的真实爱情故事。本是平平无奇的水，因为有争议的故事赋能，加深了用户对品牌的印象。

文案中植入故事，目的就是加快传播。百岁山如果想突出自己是水中贵族，只一味地从本身产品属性出发的话，可能远不及这个故事精彩。将故事植入文案，除了能让文案更有争议性外，还能让用户更有情感共鸣。因为故事本就是口口相传，在不断的传播中加入不同传播媒介的情感，最后满足的是用户的情绪需求。

作为个人品牌创业者来说，在适当的时候讲述故事文案，可以是自己的也可以是用户的，不仅能够增加与用户之间的黏性，还能让文案更加独一无二。

4. 不一样的格式/元素

我们经常看到相同的文案在不同的平台会出现不同的格式，甚至有些平台还能加入表情符号。文案不再像过去一样一板一眼，正在以不同的格式或者由于符号的加入，让文案显得创意又生动有趣。对于文案的定义不再局限于纯文字，可以是文配图，也可以是文配视频，或是文字+表情符号等。

当我们看到这样的文案出现时，阅读、观看意愿更强。越来越多的信息充斥在人们的生活中，如何能让用户记住自己，文案创意成了关键。像朋友圈，我在前面提到过发朋友圈文案的建议，字数及换行等不再重复述说，可以看有关朋友圈那一章节。像我自己在发朋友圈文案时，如果是某一个系列的短文案，我会在最开头带上"#"，一般一句话一行，最多3行，再配上相应的图片。如果是长文案，我会在每段之间空格换行，这样当有人点开查看时看上去会更清爽大方。我的朋友圈文案整体原则就是文配图、带话题"#"、宜短不宜长，长了就空格换行。

小红书也是一个比较大众的社交平台，适合长文案+表情符号的形式，在排版上也是遵循尽量一句话一段落的原则。但是，表情符号也不宜过多，一般在段首或段末出现。当然也少不了图片。

另外，出现在社交媒体上的文案还可以进行互动。如在朋友圈发布，可以点赞互动、留言互动等，在小红书则可以直接发起投票互动。带有互动的文案用户更有参与感。

除了上述提到的朋友圈、小红书文案具有不同元素格式外，还有就是社群文案。社群欢迎致辞、社群活动公告、社群互动等，在社群内发布时同样也需要注意格式。如果是长文，一定要分段空格，甚至有必要标上序号，方便群内成员了解。而社群欢迎致辞一般相对比较轻快，简短、带表情符号出现。而日常的社群互动，如早晚安问候等则固定格式，一句话+图片或直接一句话带表情符号皆可。

总之，运用不同的格式或元素，都是为了让文案显得生动有创意，加深用户印象。

5. 巧借热点发挥

一般有热点出现时，谁能第一个拥抱热点就能快速抢占用户市场。将文案与热点巧妙结合，会让文案更有时效性与共鸣感，而这正是区别于一般文案的创意所在。

但需要注意的是，不是所有热点都可以用来进行文案创作，一定要是积极、正面、向上、贴合自己品牌形象的。譬如之前湖北雪灾导致春节返乡的人被迫滞留在高速路上，这属于一种社会现象，而且还是民生民事，不建议为了自己的品牌提升进行这种热点文案创作。

热点是在当下一定阶段内，让一群人有着共同的情绪输出。这种情绪输出是正向的，也就是能在一定范围内达成正向的共同价值观，而非负面情绪，以免引起群体起哄或不满。

说到这里，不免要提到2024年在全国掀起热潮的国产游戏《黑神话：悟空》。无论是企业、个体还是政府都参与到这场热点带来的泼天流量中来。

特别是山西文旅，抓住游戏中 27 处山西省的元素这一契机，打出了"跟着悟空游山西"的概念。

山西文旅和黑神话：悟空的活动，我知道你很急，但你先别急。

【即见·黑神话悟空】山西古建怎能缺席？！

久等了！让我们一起跟着《黑神话：悟空》游山西！

列位天命人，让我们 #跟着悟空游山西。直面天命，共赏山西古建！

从以上文案可以看出，山西文旅狠狠蹭了一波热点流量，将用户对《黑神话：悟空》的高度肯定情感也巧妙引用到对山西美景的向往与肯定中。山西从而又树立了美景这一新的品牌形象。

从《黑神话：悟空》到山西文旅，用户除了在网络上不断参与点赞、评论、转发外，也亲身前往山西《黑神话：悟空》取景地观美景，实现了从社会热点到用户情绪被迅速点燃的效果。

6. 深入了解你的产品

关于文案创意并非完全天马行空，而是要建立在对自己产品深入了解的基础上。创意文案创作不是文学创作，而是用有新意又大白话式的语言让受众一看就懂，一看就动心。之所以要进行文案创作，并写出有创意的文案，就是为了销售自己的产品，就是想吸引用户的注意。但是，我们当下的环境不再是完全的信息不对称，而是信息过载。对于用户来说，有千万种途径、方式去了解，但也会产生疑惑，无法筛选出自己想要的信息。

好的创意文案，能让用户一眼就记住你。因为使用用户的语言描述产品特点，用户才会更懂。对于文案创作者来说，如何了解自己的产品呢？

最直接的方式是找品牌方要产品的各种资料，对于这些枯燥乏味的资料，需要文案创作者仔细甄别筛选后提取关键信息。再就是直接对话品牌创造者，在与品牌创造者的沟通过程中了解产品的特色、理念等。当然，这两种方式还是仅停留在品牌方，想用用户的语言去描述产品，还得站在用户的角度去理解产品特点。

我们可以选择自己体验产品，感受产品的特性，把自己当用户，从用户的角度去提炼产品特性的关键词。还有就是对比同类产品。如何对比同类产品？从体验的角度是最直接的，但对于文案创作者来说可能时间不够，这时不妨直接搜集同类产品的文案，看看对方是怎么宣传的，对方的卖点是如何通过文案突出的。再对比自己的产品，从不同角度发现自己产品的特性。

还有一种就是找到你产品的用户，了解真实的用户心声。当然，我们在找这一类型用户时一定是有代表性的，让用户直接告诉我们他对产品的直观感受。现在社交平台众多，我们完全可以去平台找，而非采取传统访谈的方式去对话用户。像产品主页下方的评论区，还有跟产品话题有关的讨论等，都能找到我们想要的用户产品态度及评价。

当然，了解了产品后并非要在文案创作时只关注产品特性，而是要结合当时的社会环境与趋势，与当下流行的观念吻合，形成共振，这就需要结合前面提到的几个方面去进行创作了。

7. 建立专属文案库

文案的创意来源除了自身的文学积累外，还有日常的文案积累。创意不是一触即发的，创意的灵感来源是多方面的，但对于文案创作者来说，建立属于自己的文案库是非常必要的。

就像专职写作一样，也需要建立自己的素材库。对于文案库的建立，可以根据你的文案创作者身份来设定。如果你只是某品牌的专属文案创作，那就重点搜集该品牌竞争对手的文案以及自己品牌过往创作的有代表意义的文案。当然，跟自己品牌有关联的文案也收藏到自己的文案库中。

还有一种是业余文案创作者，对于这一类文案创作者来说，自己的产品是多样化的，一般是根据对方提供的产品进行创作。这里可能就需要涵盖更多不同行业、不同类型的产品文案。不过，我们依然可以根据自己日常接触及创作的文案进行大体分类。如你的文案输出方向是自媒体产品、电商产品等，那就重点搜集这一类的。还有一点需要注意的是，要有自己的文案代表作品，可以随时展示给自己的客户看。

最后一点，不管是专职文案创作者还是业余文案创作者，在建立专属文案库时还需要积累金句。因为好的文案也是来源于文学作品，可以多阅读一些经典的诗集，不仅是对自己情操的陶冶，也是自己创意文案创作的灵感源泉。

综艺节目《乘风破浪的姐姐1》刚出现在大众面前时的文案是这样的：

三十岁以后，人生的见证者越来越少，但还可以自我见证；三十岁以后，所有的可能性不断退却，但还可以越过时间，越过自己。

三十而励，在时光的洗练，时代的铿锵中，我们不断更新对世界、对生命提问的能力。

三十而立，我们从每一段寓言里，辨认自己，也认识他人的内心、他人的真理。

三十而骊，骊色骏马，飞云踏海，我们关心成功，也关心失败，更关心每个人要面对的那座山；我们关心美好，关心热爱，更关心日新月异的未来，努力与翻越，不馁与坚信。肆意笑泪，青春归位。一切过往，皆为序章，直挂云帆，乘风破浪。

这一段文案被网友封神，后面再出现的浪姐2、浪姐3、浪姐4文案……更是被疯狂传播。这段文案的出现，在当时恰当地传递了用户的情感诉求，更撬动了用户的情绪价值。

这段文案，在创作上属于长文案，可以说是诗歌体。文案中出现的几个"关心"句式，我们都不会太陌生，正是源于诗人海子的《面朝大海，春暖花开》。很多人会去模仿"从明天起，喂马劈柴……"但鲜少人会去想到这里面的其他句式。"从明天起，关心粮食和蔬菜"和"我们关心美好，关心热爱"，是不是感觉有点异曲同工之妙？

如果觉得不一样，那再看最后一句"直挂云帆，乘风破浪"，是不是出自李白的《行路难》中的"长风破浪会有时，直挂云帆济沧海"？好的创意文案就是能将文学里的经典揉碎到大白话里，换作用户能懂的语言，挑动用户的情绪。

想要写出好的创意文案,就要关心用户的情绪,能通过文案去满足用户的情绪价值,进而让用户通过文案认识你,为产品买单。

> **Day 7**
>
> 写创意文案需要了解的7个方面:了解你的目标用户、差异化视角、故事植入、不一样的格式/元素、巧借热点发挥、深入了解你的产品、建立专属文案库。本节中还介绍了黑神话悟空、《乘风破浪的姐姐1》等文案案例。

第8天　用户情绪至上，洞悉文案心法

我身边有很多文案从业者，他们中大多数进入这一行仅仅是因为看到文案的进入门槛低、赚钱快，认为只要会写就能写出文案。但是时间久了后又发现写文案并没有那么简单，他们把自己写作的那一套用到写文案上，写的文案看上去很优美很大气，但文案带来的转化率却不高。如果我们把日常看到及搜集的文案加以分类整理就会发现，好的文案并不需要太多的文学属性，而是简单直白地表达。

为什么简单直白的文案就能被用户认可成为好文案呢？那是因为好文案能洞察用户情绪，而很多初级文案写作者往往追求文案格式章法、辞藻华丽，却忽略了文案背后的用户情绪。再如何追求写好文案，也不如摸透用户情绪来得快。文案本身就是为用户提供解决方案，好文案则是既满足用户情绪又能为用户解决问题。

吃完喝完嚼益达！

这是益达口香糖其中一组经典的广告文案，至今还在传播。益达在口香糖市场上的知名度并不高，而另一个口香糖产

品绿箭在市场上占主导地位。如何才能在同类产品中脱颖而出？同类产品具有相似特性，但用户在面对不同产品时的情绪与态度是不相同的。这一句文案给出了特定场景，用场景唤醒用户隐藏的情绪需求，进而唤起他们的行为选择倾向。这个特定场景是文案创作者帮助用户发现的，发现后又给出了用户解决方案，饮食后怕口气不清新，怕牙齿不干净，嚼益达就可以起到清新口气保护牙齿的作用。

由此可以看出，好文案的背后就是用户情绪至上，用户的情绪与其个人的行为心理相关，那如何才能像那些大品牌一样洞悉了解用户的心理行为呢？所以，文案的本质归根结底还是在于先研究用户。

从社会心理学的角度来说，人都是社会性动物。每一个人所做出的决策和行为，不仅受到自己内部感情、状态、个性等的影响，也会受到外部环境的影响，包括身边的亲朋好友、社会流行趋势、社会价值观等。作为文案工作者，我们不一定要懂所有人，但一定要懂自己的用户，特别是懂具有代表性的用户，因为文案不可能覆盖到所有人，只需要触达你想要的特定人群。

在市场营销领域，有专门关于消费者行为心理学的研究。是研究消费者在发生购买行为时所表现出的心理过程和行为的学科。主要涉及消费者的需求、决策、态度、动机等，研究消费者行为心理能对企业制订市场营销策略、提高市场销售有着非常重要的意义。文案也是市场营销中的一个小的分支，在前面也提到过文案的本质在于研究用户。那么文案背后的用户到底有哪些情绪呢？

我们知道，人都是有七情六欲的，一般是指喜、怒、哀、惧、爱、恶、欲。在市场营销领域里，生产者、营销者、消费者同样也是具备这些情绪的。特别是作为消费者的用户，需要产生支付行动时，80%以上是感性的情绪在支配，而非理性思考，因为人生来就是感性的。那些经典的好文案之所以能一直为人津津乐道，就是因为符合人们的情感需要，也就是在一定时间一定范围内满足了用户的情绪，让用户的情感得以共鸣。

作为文案创作者来说，不用像文学创作一样关注全部"七情六欲"，但经过大量研究文案发现，"快乐""愤怒""恐惧""悲伤"四种情绪是相对常见且典型的文案底层情绪。文案就是唤起用户内心的快乐、希望、认同，让用户避免愤怒、恐惧、悲伤，再和用户的情感进行捆绑，从而迫使用户采取行动做出改变。

1. 快乐

从文案的角度来理解，快乐不仅仅是快乐，是能悦己的，是有美好向往的，是积极的，是让人放松平静的，也是能让人兴奋的，能得到满足的……文案中能释放出快乐的信号，用户会产生共鸣，原来这就是自己想要的。从情绪触达用户情感再给用户一个采取行动的动机，让用户没有拒绝的理由。

他不怕黑
是因为你曾在漆黑的夜里带他看过最亮的星
她更有主见
是因为你带她发现过的世界比课堂大得多

他比同龄人更爱问为什么

是因为你早就为他打开了好奇的大门

未来的他勇敢无畏

抵得住风雨的侵袭,探索世界的边界

未来的他心里住着远方

冲出山川湖海的栅栏,领略万物生长的神奇

未来的他好奇心不灭

对未知的一切保有热忱,直到寻到答案

因为

现在的他正随你踏上旅程

看最好的世界

看过世界的孩子更强大

这是 Jeep.自由光的 2017 年儿童节营销文案,特别是最后一句"看过世界的孩子更强大"给予用户巨大的冲击,特别是成为父母的用户。这个文案是从第三方的角度来和身为父母的用户做沟通,告诉用户孩子真正需要的是什么,身为父母对孩子最好的爱应该是什么。作为父母的你去细品这文案,有希望有爱有美好,更有未来,很难让人拒绝它带给你的心理暗示。哪怕你一时买不起车,但 Jeep.自由光也扎根于你心中,成为你未来的首选。

2. 愤怒

一般文案中,不会完全让愤怒的情绪占主导,但有些则例外,像公益性的文案,希望能通过宣传引起人们的共同情感,去关注某种现象或是倡导某种行为。但也需要注意的是,在创作文案时不宜过多引导愤怒的情绪,在文案中体现愤怒，是让用户认清背后的现实，让用户反思改过，而非采取过激行为。

像宣传环保一类的文案，多用事实说话，直接告诉你现状是怎样的，如果继续将会怎样。目的就是让你关注这种现象，引起你的愤慨，让你对这一类行为产生不满，进而避免或阻止这一类行为的再发生。

地球不是我们的垃圾箱，而是我们的家园。——乔纳斯·萨尔科

初看这句文案，似乎不会给人带来多大的情感冲击，但是有文案出现的地方一般都会有图，特别是在当下这个时代，在这个短视频盛行的时代。将这句文案与图片结合，那种愤怒的情绪会在你心底滋生，会让你对乱丢垃圾的行为产生不满，甚至会让你愧疚自己曾有过的乱丢垃圾、不爱护环境的行为。

还有像反校园霸凌、拒绝职场PUA等，多采取此种情绪的铺垫，形成一种共同的社会情绪，一种社会趋势。但在商业文案中，这种情绪还是慎用的好，因为涉及文案背后的销售，一旦火候把握不到位，可能引火烧身。

3.恐惧

恐惧就是害怕、担忧，对某种未知的不确信，害怕不好的事情会发生，为了避免这种恐惧采取一定行动。对于用户的支付行为，我们一般认为是激发了用户的欲望与好奇，让用户产生兴趣再采取行动。这的确没有错，但激发用户的诱因除了美好也会有丑陋。就像女人爱美丽就会害怕老去，那便有了很多针对女人延缓衰老、保持年轻的产品宣传。

如何借文案传达出用户深处的恐惧？一般在写这种文案时

会采取对比、数字、疑问等形式。如：

你不努力，你的孩子就得很努力！这就是现实！

30岁没车没房不是最可怕的，更可怕的是还没长大！

人人都在用的美白秘籍，你竟然还无动于衷？

这3条文案，分别是通过对比、数字、疑问的形式进行创作的。第一条是采取反向对比，告诉你：你不努力，你的孩子就得很努力。潜意识里就是说你不能努力奋斗就会让你的下一代吃苦，作为父母的你来说，这是你最不想看到的现象，你更希望能通过自己的努力为自己的下一代创造更好的生活。本身对于是否努力，你并没有多大的恐惧感，但是这句话将你内心隐藏的恐惧与担忧给勾了出来，目的就是激发你采取行动去努力。

同样后面两条文案也是这个原则，用文字触达你的内心，搅动你的情绪，让你的害怕浮出水面。看到恐惧、正视恐惧、击败恐惧，这就是带有恐惧情绪文案的底层逻辑。恐惧对于用户而言，就是一个丑陋的东西，因为不向往，所以会想尽办法去避免，就跟追求美好是一样的。偶尔挑动用户内心的恐惧，在以长文案、标题的形式上出现还是可以的。

4. 悲伤

这个词从词性上来说非褒义也非贬义，但给人的感觉终归是不太好的，毕竟没有人会喜欢悲伤。人都是向往美好生活的。但"悲伤"这种情绪就和"恐惧"一样，在文案中的运用就属于逆向思维。所有的文案都在从正面出发，都在歌颂美好，当你直接用文案捅破用户的悲伤情绪后，并不会让用户失去你。相反，用户反而会觉得被看见、被理解。像反emo的盛行，很多品牌文案也借势其中，"反向激励"相关产品引起共鸣。

淘宝的老宝贝上新："学会了缝缝补补，生活里再碰到窟窿就不会慌了。"

这句文案其实是一语双关，非常贴合淘宝的老宝贝上新宣传。但文案的背后其实又是洞穿了用户的生活窘态，生活里难免会碰到有窟窿的时候，有时不免慌张不免无奈，这就是成年人生活中让人感到有些悲哀的地方，是不是让你很有共鸣？打在了你的心尖尖上？不想让这样的局面出现，那就学会缝缝补补过日子，意在告诉人们在淘宝也可以淘旧物，生活里也可以学会时刻准备着。

还有小度的"到中年才知道，动人的情话不是'我爱你'，是'我在呢'"，陌陌的"世上所有的内向，都是聊错了对象"。从字面看，似乎看不到有悲伤的情绪在，但你细品，淡淡的愁绪在你心底开始蔓延，而你逐渐也熟知了这个品牌。

为什么包含这四类基础情绪的文案会更容易被传播、被记住、被成交呢？因为它洞察了用户的情感，把用户的情绪放在第一位，巧妙地将产品/品牌与用户情绪相结合，用户的情感与价值观被结合在一起，驱使用户做出选择行动。

一个好的文案创作不仅是创作出文案，而且是要先把握住你的用户情绪，不用直接告诉用户该如何做，而是告诉用户他会处于一种什么样的场景中，会有什么样的情绪出现，让用户感同身受。

但是，用户的情绪都是直观没有修饰的，我们不能直接引用用户的情绪输出，毕竟没有谁愿意把时间与精力花在一个人的情感上，但如果是多个人，甚至是一种现象时，那就不一样了。

所以，作为文案创作者，在洞察了自己用户的这些情绪后，就在于文案工作者的再加工了。我们可以按照上面提到的四种文案底层情绪进行分类，把产品特性、用户特点以及文案的目的相结合，提取文案的关键词。譬如"21天文案写作陪跑营"（表1），如何才能让我的用户看到并加入呢？

那么就要先来研究我的用户，我的用户是谁，我的用户有什么样的情感需求，在面对文案写作这一类产品时会有什么样的情绪，我的产品又能为用户提供什么样的情绪价值等。

先锁定我的特定用户群，有一定写作基础，想通过写作快速变现的写作者，想入行文案但找不到路径的小白……再把这些人群锁定得更精准些，通过文案学习实现快速变现。不管是否再有其他类型的用户群体，我的文案第一步只圈定这部分人。

确定我的用户后，就需要思考用户的情绪，而不是想着要把我的产品卖点都陈列给对方看。这一类型的用户会有什么特点呢？年轻？职场人士？追求美好？自主创业？喜欢挑战？赚钱？……再进一步延伸，他们在这个社会中会有着什么样的情绪？见过职场风雨后的淡然？拒绝PUA？生活重压下的无奈？迷茫或疑惑？对不公的愤愤不平？一颗不拘的灵魂？……

按照这种方式思考下去，我们会发现还有很多很多。那么问题来了，如何才能精准抓住用户的关键情绪呢？如何才能将自己的产品与用户情绪结合起来呢？要怎样洞察用户的共同情绪后一举击中呢？

表1 "21天文案写作陪跑营"文案创作思路

用户特点	用户情绪	文案关键词 （与产品特性结合）
年轻、职场人士、追求美好、自主创业、喜欢挑战、努力赚钱……	见过职场风雨后的淡然、拒绝PUA、生活重压下的无奈、迷茫或疑惑、面对不公的愤愤不平、不拘的灵魂……	进阶资深文案、疗愈文案、快乐搞钱、美好又自在、易学易上手、一学就会，一会就赚，快速提升文案写作……

谁又能拒绝在快速get技能的基础上，还能一路搞钱呢？

文案创作的快乐不只是赚钱，还有自由自在！

因为懂文案，所以更懂生活！

我们是80后、90后，没有赶上工作包分配，也没有享受过单位分房的待遇，但我们却和上一辈一样要面对"下岗"。大厂裁员、职场内卷、房贷车贷……人工智能时代下，选择自主创业或再就业，对于我们来说并没有那么容易。你会的办公技能别人都会，你会的专业技能对口太少。而文案却是一个永远都不会过时的技能，只要有商品买卖在，就会有文案的需求空间。

现在，由某司推出的21天文案写作陪跑营，让你一脚踏入文案行业，快速学会文案写作，资深文案导师、知名上市国企企划总监亲授多年文案写作经验，并为学员提供文案搞钱资源！受够了早八晚八，看不到的加薪，仍有一颗想要自由也想要赚钱的心，不妨选择文案写作，一个普通人在人工智能时代开启创富新路的直升梯！

上面短文案和长文案就是通过了解用户情绪、提取用户关键情绪而来的，这样的文案创作方式从用户的情绪出发，找到用户的共同情绪，达成共鸣，再根据产品特性为用户提供解决方案，颠覆了过往从产品特性出发为写卖点而写卖点的方式，把用户的感受放在第一位，站在用户的角度，与用户一起感同身受，文案虽直白但更有温度。

作为文案创作者，我们要相信打动用户的不是你的产品有多好，而是你有多懂他。就像男女谈恋爱一样，首先是要搞懂对方的情绪和态度，打动对方，最后才是让对方看到自己的好，看到你的好正是他需要的。所以，我们写文案就像谈恋爱一样，不要一味把自己的好、自己的爱都给用户，而是要摸清用户的脾性，给用户需要的，甚至是刺激用户的深层次需求，达成与用户心理需求与价值观、行为一致的结果。

Day 8

本节从用户情绪的角度展开对文案的分析，从情感的角度将文案底层情绪分为快乐、愤怒、恐惧、悲伤四种基本类型。其中将"愤怒""悲伤""恐惧"情绪应用在文案中是逆向思维，建议"愤怒"情绪少用在商业文案中。这四种文案情绪类型易传播、易记住、易成交的原因是其将用户情绪摆在第一位，产品/品牌与用户情绪相结合，用户情感与价值观被结合在一起，驱使用户做出选择行动。用户的情绪是直观的，文案创作者需要后期修饰提取为己所用，提取方法是从用户到用户情绪再到文案关键词。

第9天　抓对热点，不愁好文案

2023年的冬季，没想到哈尔滨旅游因为"南方小土豆"火了，3天创收60亿元。有人说这是"淄博烧烤"现象，但与"淄博烧烤"不同的是，继而又是"小砂糖橘""小辣椒""小野生菌""小当归"。

由哈尔滨冰雪大世界延伸到"南方小土豆""小砂糖橘"……热点一个接一个。有新热点诞生，也就有人快速蹭热点。这应该是比较少见的全民热点狂欢。

那么，对于热点该如何定义呢？数字时代，热点就意味着流量，吸引着用户的注意力，而注意力正是当下时代的稀缺资源。再进一步讲，热点是指在一定时期内受众人关注或者欢迎的事件或社会现象等。比如说"小砂糖橘"、热门短视频"在小小的花园里面挖呀挖呀挖"、电视剧《繁花》、1888万天价彩礼事件、2024年春节等。

有了热点就会有蹭热点现象发生。蹭热点其实是一种借势营销，但不是所有热点都可以蹭。譬如，"九一八"事变92周年，身为卖化妆品的商家就不好去蹭这个势。这也说明热点的目标用户需求、情感要能与产品/服务的卖点融合。

无论是大品牌还是个体，在蹭热点前，一定要先了解热点的分类。通常我会把热点分为三大类。

第一类：常规热点。所谓常规热点就是可以预见、可以提前规划的时间点或现象。如节假日、二十四节气、周年庆、开业典礼等。对于这一类，我们可以按年/月/周做好热点文案布局，采用营销日历+表格（表2）的形式，列出全年中时间节点的文案的关键词。

表2 营销日历+表格示例

日	一	二	三	四	五	六	文案关键词
			1 劳动节	2 廿四	3 廿五	4 青年节	5月、劳动节、青年节
5 立夏	6 廿八	7 廿九	8 四月	9 初二	10 初三	11 初四	立夏
12 母亲节	13 初六	14 初七	15 初八	16 初九	17 初十	18 十一	母亲节
19 十二	20 小满	21 十四	22 十五	23 十六	24 十七	25 十八	小满、520、521、表白
26 十九	27 二十	28 廿一	29 廿二	30 廿三	31 廿四		月末、复盘

第二类：突发热点。突发热点就是具有偶然性、突发性的事件或现象，在一定时期内仍持续发酵，被所有人关注。

如"淄博烧烤"在全网传播，甚至网友不远千里前去吃烧烤，之后各地文旅局争先效仿这一模式，推出其他文旅节目，吸引网友前来打卡，推动当地的旅游消费。

第三类：热点现象。在日常生活中，我们常常会听到"AI写作""学霸""搞钱女孩""显眼包"等新鲜词汇，这代表的是一种热点现象，虽然也是突然发生的，但是却代表了某类群体，具有一定的持续性，不会在短期内消失。

在弄清楚热点的分类后，就要开始结合热点进行文案创作。我们前面提到，不是所有的热点都适合蹭，那么该如何考虑蹭热点呢？

1. 判断是否有风险

先判断这个热点是否值得追，是否有涉及道德/政治/法律等层面的风险。如果这个热点在社会上带来的是负面影响，或者说是沉重的氛围，那么不建议蹭热点营销，适得其反影响品牌形象。

如日本倾倒核废水事件，无论是品牌还是个人，都不建议利用此进行文案传播，但是在此事件中表明自己的态度，还是能圈一波粉的。像有些做海产品的，向用户传达绝不引进日本海产品销售，即可树立自身的良好形象，有利于品牌的口碑传播。

2. 找出二者的契合点

在确认热点可以跟进后，就要找出两者之间的契合点。也就是从产品属性、产品受众、产品情感、产品价值的角度进行考虑比对。

2019年，人类历史上首张黑洞照片被公开，随机引起热议。这是一个突发事件，但各大品牌迅速响应，纷纷推出自己的蹭热点文案。

百闻不如一见！——杜蕾斯，配上黑洞的照片，稍做异形处理，懂的人自然懂。

人类首张黑洞照片"枣"知道了！——良品铺子，同样也是图文结合，黑洞与枣结合在一起。

你看见宇宙黑洞，我捕捉安全漏洞！——腾讯安全

有人探索宇宙边缘，有人探索人类美颜！——荣耀20i

黑洞已揭开面纱，而"黑卡"依旧是个秘密！——招商银行信用卡

这些品牌蹭热点文案中，分别从各自产品的不同维度与热点结合。

3. 逆向思维，以小博大

这种形式也就是反着来，以小博大。当年名不见经传的卫龙辣条，从一个低端廉价的零食一跃成为国民零食，正是以蹭热点的方式走入大众视野，甚至带火了整个辣条行业。

卫龙为了摆脱"垃圾食品"的印象，直接找大品牌，紧跟大牌蹭势。当年苹果发布会，卫龙直接模仿苹果手机的冷淡简约设计风格，就连文案也是仿造苹果，"一包在手，天下我有19.9RMB|106g×5包"。不仅为自己赚足话题，也迅速俘获新一代年轻人的心。

自此，卫龙辣条在蹭热点的路上一发不可收拾。

4. 注意借势尺度

在确定热点可跟可借势后，仍需要把握尺度。像一些民生热点，涉及某些敏感话题，一定要注意把握尺度。在文案创作时不要过于自嗨玩梗，否则会触怒受众。

譬如世界杯比赛期间，某商场利用赛事热点进行营销，但

却在结合热点时直接利用某位球星的犯规大做文章，原本只是比赛场上的小插曲，结果却引来无数球星粉丝的辱骂反对，认为商场营销无下限。

在知道如何蹭热点后，接下就是写出蹭热点文案。其实，所有写文案的本质都是相通的，要么促转化，要么加深品牌印象。对于如何写出好的蹭热点文案，可以直接套用以下公式：

关联热点＋情感绑定＋品牌植入

我们一起来看开头提到的"南方小土豆"事件。"南方小土豆"是南方女孩到哈尔滨玩雪时自己对自己身高的自嘲，哈尔滨当地人觉得亲切可爱，便传播开来。同时也衍生出一系列服务，背书包的企鹅、索菲亚大教堂上空的月亮，松花江边的烟花……让本地人羡慕了，让外地游客乐了。

本只是在哈尔滨的事，但是其他各地的文旅局看到后坐不住了，纷纷借着哈尔滨的这股劲头，开始推出自家的看家本领。以官方账号为矩阵，发起公众号软文、短视频，各类借势文案层出不穷，甚至广大网友也参与其中。

可以说，这是全国各省市最团结的一次，把热点一起玩出了花，文旅局写的文案也从被吐槽到让网友惊喜。

套用上面的公式，我们会发现，热点是"南方小土豆"，情感绑定是用户对于旅游服务的暖心需求，品牌植入就是各地文旅局（各地旅游资源服务）。

在蹭热点写文案上还有3个小技巧：照抄、谐音、反向。

前面提到的卫龙辣条模仿苹果手机就是照抄模式，但需要注意的是如果使用不当，容易造成侵权，当然这又另当别论了。

譬如各省份推出的便民小程序，"津心办"（尽心办、静心办）、"冀时办"（及时办）、"皖事通"（万事通）、"鄂汇办"（我会办）……用的就是谐音梗，方便各省居民好记好传播。

"有人探索宇宙边缘，有人探索人类美颜！"荣耀运用的就是反向法，黑洞是宇宙的边缘，荣耀20i则表达的是它的手机摄像头功能，两个完全不搭的组合形成反向效应。

另外，对于蹭热点文案的发布也需要特别注意。我们都知道热点是具有时效性的，所以，在发布时也要做到快速响应、快速发布。而且文案内容要具有互动强（用户有参与感）、内容深（品牌印象）、观点正（用户共鸣）的特点。

可能有人会问，热点那么多，到底怎么找呢？这里推荐几个查找相关热点的网站。

常见的微博热搜、小红书、知乎、百度、微信，但有一个网站综合了以上主流平台的实时热搜榜单，那就是今日热榜。

了解财经、互联网类：今天看啥。

具有公信力和权威性：新榜。

了解网络传播热度+细化选题：百度指数。

提前规划常规热点：青瓜传媒。

以上就是关于如何蹭热点写文案的主要内容，作为新手小白来说，可以从模仿拆解开始。

案例参考：

喜茶 × 梦华录，喜·半遮面 掌柜赵盼儿推荐

线上线下同步传播，抢占大众视线与话题。

小红书 × 毕业季

考虑毕业生参与感，激发学生用户参与话题讨论，自发与

品牌产生良好沟通互动。

杜蕾斯 × 新年

辞旧迎新,借新年契机,图、形、文巧妙结合,生动形象,自成热点。

> **Day 9**
>
> 热点定义。热点分为常规热点、突发热点、热点现象3种。蹭热点文案写作技巧:判断是否有风险;找出二者的契合点;逆向思维,以小博大;注意借势尺度;照抄、谐音、反向。

第 10 天　常见种草文案的结构

在自媒体时代，卖货不再只依赖于传统渠道，就连宣传也不再局限于传统的媒体资源。其中有种软文不仅受到商家的喜欢，也被广大用户追捧，甚至有人调侃在不知不觉中被"种草"了，我们一般把它称作"种草文案"。

一篇好的种草文案一定是高转化、高成交的。最先开始出现种草文案的平台是微信公众号。我在 2014 年开始接触新媒体营销策划，当时公司希望将线下门店与线上渠道打通，为此特地挑选了一个明星单品，想通过公司的公众号引流线下，同时也能在线上端直接转化。令我没想到的是，这篇以公众号推出的软文，让这款单品在不到 5 分钟内售罄！我至今都记得自己盯着后台数据看的情景，我不停地点击查阅，数据一直在往上涨，涨到让我甚至有些怀疑，但一度又很紧张。最后 1000 份全部售完，领导打来电话指示我继续增加库存量。

后来，我又照此方法在节假日相继推出不同明星单品，均在微信上引爆，这也让公司众多线下门店开始接受这一模式，甚至宝洁旗下的 OLAY 品牌商找到我们，主动要求在微信端口首推新品。

由此可见，这种低成本的营销方式不仅易被大众接受，更受品牌商青睐。一直到现在，无论是小红书还是微信、今日头条，都有了符合各自平台的种草文案风格，但不管是哪个平台，种草文案的底层逻辑基本一致。

为此，我根据各大平台种草文案以及自己过往的经验，将种草文案的结构分为8个部分。

1. 引入部分：制造矛盾场景

这部分就等于是文案的引子，主要目的在于打造一个场景，一般而言是矛盾场景。为什么说是矛盾场景呢？因为关系到要种草的单品，要在此处激发用户的兴趣。如这样的开头：

我知道，很多人都有吃水果的习惯，但都希望能吃到新鲜保留自然口感的水果……

你有没有碰到过这样的情况？夏天和朋友一起出门拍照，拍出来比朋友黑了好几度。

这个真的太好用了，自从我家有了它之后，我再也没有……

从这些例子中我们可以看出，无论是转折还是疑问、肯定句式，隐藏的含义是在捕捉目标受众的注意力。在吸引了用户的注意力后，就要继续下一个动作，突出产品的独特卖点。

怎么突出独特卖点呢？与传统的直接罗列产品卖点不一样，而是要把卖点放在场景中，让用户自己感知到，原来自己那些痛点都可以通过这个产品来解决，继而吸引用户进一步往下看。

这个真的太好用了，自从我家有了它之后，我再也没有扫

过地了！（突出产品）

我只需要在手机端设定好它的工作指令，不用我吩咐，它都会自动帮我开启工作模式，更难得的是完全解放双手，从扫到拖、到清洗不用我费心。它会自己根据清洁程度选择打扫几次，还会自己回到基站自我清洁！（突出卖点）

2. 问题陈述：陈列问题

关于这部分，实际上就是用户可能需要解决的问题或是他的潜在需求。在这部分中需要做的就是激发用户的思考，进一步唤醒他沉睡的需求，与用户产生共鸣。我们经常在浏览小红书或是微信公众号时会有这样的感觉，看着看着会发现"我太需要这个了""要是早点遇到就好了""正好我需要这个"，是自己看到一半时的内心呼声，然后看完后没有任何犹豫直接下单购买。

例如：

你是否常常感到时间不够用，每天都在追赶工作和生活的节奏？或者，你是否曾经为寻找一个能够满足你独特需求的产品而困扰？这些都是我们在设计这款产品时考虑到的问题，因为我们知道，现代人的生活变得越来越繁忙，个性化的需求也日益增长。

或许，你已经习惯了传统的方式，但你是否想过，有没有一种更智能、更贴合你生活方式的解决方案？让我们一同探讨如何打破传统束缚，为你提供一个真正符合你期望的选择。

3. 解决方案介绍：提出解决方案

上一部分已经提出了问题，那么在这部分就是文案核心点所在，为用户提出解决方案。可以从以下 3 个维度进行解决方案陈述。

（1）明确产品是如何解决问题的

2014年我推出的第一篇明星单品文案，之所以能在5分钟内直接售完1000单，正是因为我在构思这篇文案时，为用户提出了解决方案。

当时我们的这个单品是原产地在江西赣南的农家葡萄，此地山清水秀，葡萄园的旁边就是一条清澈见底的小溪流（从采购到营销都有相关人员实地考察过）。市面上葡萄有很多，但口感不一，品质难以保证，而我们这款农家葡萄口感纯甜，采摘后如果不马上吃掉，就会在极短时间内出现掉粒现象（糖分越高越容易自然脱落）。与其他葡萄不同的是，我们从采摘到用户吃上第一颗葡萄不超过12小时，全程冷链配送。而我们聚焦的是在深圳有一定消费水平、追求品质、喜欢新事物的群体，他们需要解决的问题是花钱也难买到天然口感的水果，而市面上的高端水果以进口为主。

这些都是我们产品的性能与优势，那我是如何在文案中体现的呢？

看得见的生长，山泉水滋养，无催熟，从青涩到自然熟，保证属于你的葡萄第一时间速达！就像是直接在果园里吃到的第一口，好吃到掉粒的农家葡萄！

在这句话的描写中，不仅对消费者想要高品质、新鲜自然口感的需求提出了解决方法，也突出了农家葡萄的性能与优势。

为什么一定要来吃农家葡萄？——"看得见的生长，山泉水滋养，无催熟，从青涩到自然熟……"回答了目标群体为什么要吃农家葡萄。

（2）突出产品的主要性能

夏黑葡萄性能：纯甜自然口感，"就像是直接在果园里吃到的第一口""好吃到掉粒"。这里等于是给目标群里科普了一个小知识，引起目标群体的好奇。因为葡萄糖分太高就意味着熟得更快，容易从枝头脱落，间接告诉目标群体其自然甜的口感。

可能有人会疑惑一般产品或服务的性能都比较偏专业术语，商家和用户之间是存在理解差异的，而这恰恰就是文案的关键所在。用文案的方式将产品的性能特点优势转化成用户能理解的语言。新鲜的葡萄有多好吃，"就像是直接在果园里吃到的第一口"，这样一说用户是不是马上产生联想，有画面感了？

（3）强调产品相比竞争对手的优势

不是每一个产品都是独一无二的，但每一个产品都具有独一无二的特性。世界上同质同类的产品那么多，但每一个产品都会有自己不同的优势，就好比"这世界上没有完全相同的两片叶子"一样。

与竞品对比，这也是商家常采用的营销策略，文案是营销的一部分，自然可以通过文案体现。

"我们的农家葡萄从采摘到配送到大家手中，不超过 12 小时，全程冷链到家！"这一句的描写针对的就是市面上那些需要中间商转手，因而拉长了葡萄配送周期，影响口感的产品。这就是农家葡萄的配送优势所在，重点强调这一点，用户自然感觉不一样。

可能有人会问，如何才能找到自己产品的优势所在？研究自身品牌的性能特点、同行业内竞品调研对比、与用户交流寻找答案、通过用户评论留言锁定，这4个小技巧一定可以帮到你。

4. 化解用户心中顾虑

顾名思义，用户到这里已经对产品/服务有了一定的好感，但是还不足够打动他购买，也就是他心中依然有顾虑。如何化解用户心中顾虑呢？一般都是从第三方的角度进行。

（1）**用户使用案例或见证**

就是对用户体验过的案例进行描绘，从旁观者的角度证明产品/服务的好。

我们经常会在一些推广线上课程的软文中看到晒图，晒的就是聊天截图，截图内容则是"自从跟着××老师学习后，我打开了……不到1个月的时间就赚回了学费""要是能早点遇见××老师就好了，这样在……就不用一个人走这么久找不到方向，现在的我整个人……""用了××老师教我的这个方法，真的一周时间我就瘦了5斤"……

和你一样的客户都在说好，你还担心什么呢？

通过用户案例的分享和见证，重点强调带给用户的正面经验和满意度，能同时带动潜在用户做出跟随选择。

（2）**权威转嫁**

简单来说，就是该产品/服务获得的荣誉证明，或是来自其他权威机构的认可，具有较高的可信度，让用户感到值得信赖。

（3）数据证明

"香飘飘一年卖出三亿多杯子，杯子连起来可绕地球一圈！"这是一个运用数据比较经典的广告语，同样，在写种草文案时也可以用这种方法，不过一般只适用于比较成熟的产品/服务。

5. 独家优惠或奖励

完成了对产品的烘托后，接下来就进入引导购买环节，其中第一步就是明示价格。通常来说，都会以优惠来切入。

为了推出我们的农家葡萄，我在当时的公众号软文中便采取了这一策略。

为了让大家能得到与农家葡萄亲密接触的机会，我们特地推出了100份9.9元抢先尝装，数量有限，仅限前100名！

今天在××官方旗舰店下单，50盒××产品仅需99元！

原价1699元，限时优惠只要699元（48小时内下单额外赠送一次1对1写作咨询）！

这些优惠之所以要这样体现，就是让用户有紧迫感，有价值感，有种再不买就错过的感觉。

6. 购买引导

当然，有了价格优惠明示后，那就是直观地购买引导，告诉用户在哪里下单购买，是在本页面直接点击购买，还是要跳转其他平台购买，或是凭暗号享购买优惠等，都需要明确、清晰、简洁地提供相关信息。

7. 风险承诺

对于自己要购买的产品，用户都会在乎产品的售后、质量等问题，这时候仍需要继续解决用户可能存在的疑虑或担忧。如产品保障、退款政策等，以此巩固用户的购买信心。

8. 结尾呼吁和附加信息

最后部分则是对用户的再次呼吁，主要是再次强化用户的购买行为，告诉用户购买的好处，让用户立即采取行动。

练字永远不晚，最好就是当下，写字漂亮的人，运气都不会差！名额只剩最后30个，点击下方图片立即报名！

有些还会在最后留下联系方式，或者是其他信息，以便用户得到全面的保障和进一步的链接。

"详情可联系××微信！"一般会以图片形式留下添加微信的二维码，或者是温馨提示"知识付费，谨慎考虑！"

一篇好的种草文案就和一篇好文章一样有起有伏，要牵动用户的心，调动用户的兴趣，刺激用户的购买行为，这样才算是达到种草的目的。不过，种草文案根据平台的不同，在字数多少、文案风格、图文结合上也会有不同的要求。

相对来说，微信公众号的种草文案可以达到3000字以上，小红书则在1000字以内，微头条是不超过1500字，朋友圈种草文案越短越好，因为过长会折叠。微信公众号上的种草文案相对其他平台来说比较详细，文案风格多以故事为主，通常是自身经历、用户反馈案例等，有层次感。小红书的种草文案一般是以博主第一视角出发，多讲述产品/服务给自己带来的好处，有点口头传播的意味。头条则是讲故事+神转折，再引导用户购买。

不管是哪个平台的种草文案，基本围绕以上8个结构展开，只是在实际运作时，会根据需求进行相应调整，譬如有的会选择权威转嫁作为第三方论证，有的则是通过数据直接展示等。写好一篇种草文案的前提是要先弄懂结构，再根据平台调性做相应调整。

> **Day 10**
>
> 种草文案的结构：①引入部分：制造矛盾场景；②问题陈述：陈列问题；③解决方案介绍：提出解决方案；④化解用户心中顾虑；⑤独家优惠或奖励；⑥购买引导；⑦风险承诺；⑧结尾呼吁和附加信息。其中，提出解决方案部分需要从3个维度去解决文案：明确产品是如何解决问题的、突出产品的主要性能、强调产品相比竞争对手的优势。化解用户心中顾虑也需要从用户使用案例或见证、权威转嫁、数据证明3个维度展开文案构思。

第 11 天　常见文案标题写作技巧

大卫·奥格威曾说:"除非你的标题能帮助你出售自己的产品,否则你就浪费了90%的金钱。"标题就是文案的第一印象,标题好不好决定了用户的去留。因为60%的人只看标题,如果你的标题不够吸引人,那么就等于丧失了最大先机。

现在,越来越多的社交平台崛起,用户通过手机社交、购物、刷视频已成为一种生活习惯。与此同时,各种产品和服务也通过用户的行为习惯渗透到他们所能看到的地方。但是,眼花缭乱的信息反而让用户困扰,往往只能凭第一眼进行选择,因此好的文案标题便成了用户选择的关键所在。

这一节将分析三种常见的文案标题,让你快速掌握文案标题的写作技巧。

1. 小红书文案标题

文案创作者必备2024全年营销热点

看了《繁花》才明白成为营销高手的3个造势策略

治愈书单|救赎被原生家庭伤害的你!!!

救命!这件手工毛衣太舒服了!

真心建议：学会时间管理，利用好每分每秒

抓住 1～2 岁早教黄金期，宝宝越听越会说

长沙真是个被忽略的美食天堂！！！

女生|租房避坑|这些细节一定要知道！

不知道牛仔裤怎么穿出个性的进来看！

时尚博主回村前 vs 回村后内容过于真实

这些是在小红书常见的爆款标题，小红书的标题和其他平台的标题一样也是有字数限制的，字数尽量控制在 18 字以内，最多可以显示两行。不过小红书的标题与其他平台的标题不同的是可以加入表情符号，表情符号同样占字数。

在小红书平台，带有情绪的文案标题往往更容易引流。看上面的标题举例中，多数都是带有情绪的，这跟平台的调性有很大关系。标题本身的目的就是要引起关注，让人好奇、能有共鸣的会让用户忍不住点进来看。譬如"救命""绝绝子""扎心了""谁懂啊""真心建议""揭秘"等带有情绪的词汇，可以激发用户的兴趣与好奇心。

以下这些就是在小红书常见的爆款标题句式：

我发现……

真心建议……

从 0 到 1……

被问 N 遍的 ×××，出门没输过！

看了 ××× 才明白的 3 个……

××× 大揭秘！不要再花冤枉钱啦！

后悔没有早点……

原来我离 ××× 就差 ××

都给我冲！可以封神的×××！

女生一定要学会的×××

适合新手的……

敢不敢……

当你×××的时候，人家已经在×××

干货！快进来看×××

……

小红书的爆款标题的句式还有很多。总体而言，标题中要有关键词露出，这不仅是你要给用户看到的，也是你需要传达的核心。

2. 短视频文案标题

一条好的短视频同样也离不开好的标题。包括抖音、快手、视频号等在内，所有视频平台的短视频的发布，都是由"标题＋视频"内容组成。和图文的文案一样，标题也是用户看到的第一眼，决定了用户是否会点进来浏览。

北大教授都在推荐的×××

30岁还一事无成，我建议你……

每天10分钟，3个动作练出马甲线

北漂低保户一人一狗重启人生计划

女生为什么要好好赚钱？

抖音1个月涨1万粉的3个步骤

假如员工比老板有钱

南方粽子vs北方粽子哪个更好吃

千万不要跟孩子说这四句话

原来这才是微信营销的正确姿势！

看完上面的这些标题，你会发现和图文标题也是一样的，短小精炼，重在吸引人眼球。所以，不论是哪个平台的短视频标题，在建立标题的底层逻辑上是相通的，不同的是基于各个平台的规则，对于标题字数会有不同的要求。

像抖音、短视频号可以在标题后直接@博主或是加#带上话题，但在字数要求上，抖音标题长度不超过30字，在手机上会以两行展现。不过抖音的标题文案和后面的内容文案字数是放在一起统计的，如果后面文案字数需求比较多，那在写标题时则要注意不要过长，避免出现超字数或过长的现象。视频号的标题和抖音标题要求大同小异，字数为10～30字符，25字是最佳标题字数，剩下的字数可以留下来写文案内容。

短视频标题和图文标题区别并不大，均含有关键词，往往以直接陈述或疑问、数字、权威说法等形式呈现，其目的都是引发用户共鸣，吸引用户通过标题点开后续文案内容。

3. 自媒体文案标题

我们常见的自媒体文案通常在公众号、今日头条、百家号等平台发出。在没有这些平台以前，我们一般把需要以文章形式进行推广宣传的文案叫作营销软文，主要通过电脑端网页传播，远不如现在的平台传播范围广、传播途径多、传播速度快。

常见的自媒体文均是以"图文＋标题"形式呈现，吸引用户点开的关键也是标题。我曾在公司负责全年度营销活动，其中就涉及需要通过自媒体文章进行宣传的工作，关于标题的定稿过程也是经过团队论证后才确定发出。为什么要对标题慎之又慎？这和前面提到的小红书、短视频标题都是一个道理。

划重点，中国球迷必知的2024欧洲杯4大看点

为什么女生提分手，男生基本都答应？

长期喝白开水的人与长期喝茶的人，谁的身体更健康？答案来了

明明涂了保湿霜，宝宝还是红了脸？当心这5步没做对

又一位演员突发心梗去世！医生总结出12个心梗预兆，很多人想不到！

微信又有大变化！

干货｜微信公众号运营进阶指南

真正厉害的理财书单，没人推荐

现在不了解数字货币，明年就后悔！

余秀华又火了，她从田间地头摇摇晃晃地走向国际舞台

看上面这些图文标题，你会发现和前面的小红书、短视频标题区别并不大。是的，所有文案的标题写作原理都是一样的，不同的是放在不同平台后需遵守平台的规则，根据平台规则量身打造。只要你搞懂文案标题的写作原理，无论在哪个平台都能得心应手。

我根据自己写过的文案标题以及大量拆解爆款标题后得出，吸引人的标题一般包含关键词、利他思维、情绪化词汇、效果承诺4个特点。所谓关键词，就是你想通过标题要表达的关键信息，譬如说你要推荐你的读书会，那么标题中就要有所体现。利他思维则是指通过标题让用户感到对自己有益，与自己有关联，从标题中就能觉察出对自己的友好。

情绪化词汇则是替用户表达出了心声，譬如"扎心了""好

吃到飞起""后悔""拒绝""听劝"……这一类型词汇在标题中的使用有个明显的特点,就是一般放在标题最前面。

效果承诺,在标题中就能直接看出使用产品或服务后就能得到的效果。"使用这3招,保证你1个月瘦20斤",以结果为导向,吸引用户。

标题中如果含有以上一个特点与用户关联,就能触发用户点开。如何才能保证标题含有以上特点呢?我们会发现好的文案标题有数字、疑问、对比、热点、时间、故事这几种类型。

(1)**数字型标题**

这是最常见的标题,运用数字直接冲击用户眼球,简洁明了,让用户更具有记忆点。

如"每天10分钟,3个动作练出马甲线",以数字的形式给出方法解决练马甲线的问题。让有需求的用户牢牢被抓住,迫使对方通过点开标题来阅读或浏览视频,从而再进一步引导用户采取下一步行动。

"全球排名前100的高校,竟然向他抛出了橄榄枝!"以数字排名的形式展现,具有一定的权威性,能快速获得用户的信任感。这种标题适用于实物产品,不过,需要注意的是排名还得具有一定的说服力和权威性。

(2)**疑问型标题**

带有疑问的标题,旨在撬动用户的好奇心,因为好奇是人类的本性。在标题中以提问或反问的形式出现,会让用户容易联想到自身,从好奇到共鸣。

"为什么女生提分手,男生基本都答应?"在这个标题中,直接采取提问的方式,让女生男生带着问题去思考,为什么女生提分手，男生基本都会答应呢？此时，在用户的心底埋下引子，用户抱着猎奇的态度自然就会往下看。

"原来这么多年的睡觉都睡错了？"看上去是在问自己，实则是在引导用户对自己进行提问，这种反问句式容易让用户产生怀疑与好奇，睡觉还能睡错？自己到底睡错在哪里了？经不住诱惑，用户一定会往下寻找答案，这也就达到了商家的目的。

（3）对比型标题

这种标题更好理解，就是拿两种不同的对象在标题中直接对比，让用户在看到标题的第一眼后分别代入其中进行对比，从而引起更广泛的讨论与传播。"南方粽子 vs 北方粽子哪个更好吃"，用户会把关注点放在南方与北方粽子的不同之上。

还有一种对比型是采取直接陈述展开："别人公司开的是年会，你开的只是会""两年前的裸妆 vs 现在，差别真的太大了"。不知道你发现了没有，同样是对比，但在使用语境上大不同，可以是"对比+提问"，也可以是"对比+反差"。

（4）热点型标题

在标题中加入热点，让你的标题紧跟潮流趋势，这样才会让更多人关注你的文案内容。引用热点到标题中，其实就是借势营销，也就是通过热点引流。

当然，这里的热点可以是热门词汇、热点事件、热门话题等，只要你的标题与热点结合得好，就不愁没有用户发现。但需要注意的是，在使用热点时，一定要结合自己的产品或服务，必须与自己的产品或服务有一定关联性，不是所有的热点都一定要用上，用不好可能会适得其反。

假设你是做旅游赛道的，像 2023 年底火起来的"哈尔滨旅游""南方小土豆""广西砂糖橘",这些词汇都可以与旅游结合起来。"广西砂糖橘看这里,南京欢迎你""南方小土豆请注意查收哈尔滨旅游攻略"。

还有一些比较常规的热门词汇,譬如"YYDS(永远的神)""个人品牌""多巴胺""穿越"等,只要是当下比较流行的网络词汇,都可以结合标题使用,这样有利于提高被搜索率。

(5)时间型标题

这种标题和数字型标题有点类似,都包含数字,但不同的是包含的是与时间有关的数字,具有一定紧迫性、时限性等特点。

"文案创作者必备 2024 全年营销热点"体现的是时间年限,如果有人搜索 2024 年关键词,则很快就能找到。"30 岁还一事无成,我建议你一定要这样做",这里的时间体现的是年龄,让用户看到 30 岁这个年龄产生一定焦虑感,这其实就是时间的概念引起的。

"原来每晚 10 点前入睡等于……""每天坚持 5 分钟,保证你不再大肚腩",时间精确到小时、分钟,这样在用户心底留下的时间概念更加清晰,也让用户明确时间条件。

(6)故事型标题

这一类型的标题,从字面上就能让人共情,容易打动用户。故事类型的标题在自媒体文中比较常见,以故事为主的标题,可以从场景、心理刺激用户,激发用户的好奇心,让用户忍不住一探究竟。因为在广告和故事之间,人们更愿意选择听故事。

"一个不服输女孩的 10 年""武汉 00 后女孩摆摊的一天",像这一类型的标题让人一看就有故事,一看就有欲望。要知道，人都是感性的，而故事也是感性的，以感性动人，远比以理服人要来得快。

关于文案标题，在掌握了写作技巧后并不是一成不变的，好的标题还需要不断修改、不断调整。总之，想让自己的标题足够吸引人，可以从以上方向着手。但有一点需要提醒文案初学者，即借用以上方法多去拆解不同类型标题，这样就会得出一套属于自己的文案标题写作法。

Day 11

本节分别列举了小红书、短视频、自媒体文案标题3种常见标题，并对3种标题进行详细说明，从而得出标题具有关键词、利他思维、情绪化词汇、效果承诺的特点。具备以上特点的标题有数字、疑问、对比、热点、时间、故事6种类型。

第12天　好文案，重在日积月累

对于很多刚开始写文案的人来说，往往看到好文案都会羡慕不已，甚至会觉得文案写得好的人高不可攀。但实际上，写出好文案并没有想象中的那么难，除了前面提到过的文案写作技巧外，更重要的是不断积累。

千万不要小看这个积累的过程，没有谁是天赋型选手，哪怕是也会有用尽的一天。所有的文案高手都是从文案小白开始的，文案小白则是从日积月累开始的。

可能你会问如何去积累？当然是先要跟你的定位、你的文案写作方向挂钩。譬如说，你是小红书的读书博主，那么你的文案方向跟读书有关，可以从自己的读书笔记、小红书爆款内容、朋友圈、其他平台摘抄去找素材。

找到这些素材后，你需要做的就是建立自己的文案素材库，按照不同类型不同来源去建立，这样当你需要用的时候便于查找。

光有文案素材库还不够，还需要建立自己的文案灵感库。文案在于灵活有创意，有时候突然蹦出的一个念头，可能就是你的好文案的源泉。所以，我们需要养成随时随地记录文案灵感的习惯。

文案灵感库的建立也可以参考文案素材库建立的方法，按照不同类型、不同应用场景去搜集建立。

当你在进行文案创作时，需要调动这两个库，甚至可以把这两个库相结合建立在一起。因为有时候看到好的文案也会激发我们新的文案创作欲，也就是模仿。我们可以参考表3的素材库。

表3 参考文案素材库

来源	类型	再创作（灵感）	应用场景

我曾经从事的第一份工作是做营销策划的，也需要运用大量文案。在做好日常工作之外，我们还需要做另一项工作：市调（市场调查）。作为营销策划来说，需要调研同行内的营销活动及营销文案。而我，久而久之便养成了时时关注这些的习惯，不论是网络平台看到的还是户外广告所见，我都会把让我心动的文案或活动记下来。

作为专业的文案创作者，养成良好的文案素材积累习惯是必不可少的。不管你是属于哪一类文案创作者，文案的素材积累主要从专业维度（竞品文案、产品/服务性能等）、主流媒体平台（微博、小红书、朋友圈、知乎等）、户外广告（品牌楼宇/地铁/电梯等广告形式）、阅读（你所看过的书）、朋友间聊天等而来。

当你将日积月累收集文案素材当成一种习惯后，创作好文案自然信手拈来。不过，文案除了需要积累外，也要不断地修改打磨。就跟写作一样，海明威曾说，一切文章的初稿都是臭狗屎。文案也如此，没有修改打磨过的文案都算不得好文案。

所以，你所见到的爆款文案、爆款标题、爆款广告语……都是有备而来！说直白点，换取百万流量密码的背后就是改改改。网络上曾经流传说新媒体文案运营是"文案狗"，设计师要按甲方"爸爸"的要求改，文案也是。

但请先别抱怨，作为文案初创作者来说，请务必先做好这个准备。那么文案到底该如何修改打磨呢？

在我看来，无论什么类型的文案，本质上都是"场景+用户+痛点+品牌"。

困了累了喝红牛！

这句话中虽没有直接出现用户，但根据广告中的使用场景可以看出是有明确的潜在用户对象的。"困了累了"是要喝红牛的场景，也是用户的痛点需求，困了累了需要提神，品牌则是红牛。这一句广告文案，简单明了，但却涵盖了文案的本质。

我们在进行文案创作时，可用这4个模块检验是否涵盖其中。当然，不同的文案并非要同时涵盖这4个模块，但至少要保证3个模块。

有了这个方法套用检查后，我们还需要更进一步地推敲，也就是对文案细节进行优化。

首先，检查是否有敏感词汇，这里我们可以借助一些小工具,如零克查词,这样也能提高文案创作效率。

其次,将文案发给5位以上不同的人,可以是身边的朋友、亲人、同事。请他们从第三方的角度给出直观的评价,然后再根据这些意见进行调整。我曾经为推出公司的某个明星单品写公众号软文,写完后才是文案创作的真正开始。把自己所写发到同事群里接受检验,从头到脚,一个标点符号都没放过,好在最后结果不错。所以,作为文案创作者,既要经得起美誉,也要能承受得住别人对你文案创作的指正。

再次,不停地阅读自己所写文案。以阅读的方式感受文案的力度,有时候自己反复咀嚼式阅读,也能从中发现不一样的感受。这和"僧推月下门"还是"僧敲月下门"是一样的道理。

最后,把文案先放一放,当然前提是在你时间充裕的情况下。有时候我们可能会陷入文思枯竭状态,不妨把已创作的文案先放一边,转移自己的注意力,等自己换了一种状态后再去看之前创作的文案,你一定会有新的灵感与发现。

除了采用以上方法修改、打磨文案外,我们还可以借助AI工具修改打磨。现在AI文案创作工具有很多,怎么让AI为你打磨文案?重要的在于设计与AI的对话和提问。在这里不过多展开,我会在另一个章节中专门讲AI与文案创作。

总而言之,好文案不是突然发生的,那些看似张口就来的文案,你不知道的是对方在背后修改过多少次,阅读过多少书,积累了多少素材。想要创作出好文案,先从练习模仿开始。在不断的练习中积累,文案语感自然而然就产生了。

Day 12

  好文案在于积累,积累文案可以建立文案素材库＋灵感库,积累来源于专业维度(竞品文案、产品／服务性能等)、主流媒体平台(微博、小红书、朋友圈、知乎等)、户外广告(品牌楼宇／地铁／电梯等广告形式)、阅读(你所看过的书)、朋友间聊天等5种渠道。修改打磨文案可直接套用"场景＋用户＋痛点＋品牌"模式。

第 13 天　巧用 AI 工具，高效写出好文案

2023 年，ChatGPT 风靡全球，随后国内各种 AI 工具也相继诞生。AI 的迅猛发展与快速渗透，也引发文案创作者的危机感，只需要与 AI 进行对话，AI 就能快速给出你想要的文案。特别是有些新媒体公司对文案岗位的需求减少，主要原因就是使用 AI 工具进行文案创作提升了整体工作效率。

传统的文案创作者能在短时间内高效产出高质量文案，不仅是个人发展的需求，也是市场的需求。但是，AI 不是简单地输入问题即可完成创作输出，如何驯化 AI 工具，如何找到适合自己的 AI 工具，让 AI 文案的表达更有人性和创意，帮助文案创作者最大限度地释放创造力，这才是作为文案创作者需要学会的提分技巧。

在没有 AI 工具出现之前，文案创作要靠人的脑子，有了 AI 工具之后，针对你的需求与 AI 工具对话，它很快就能给出你想要的。但是，能熟练运用 AI 工具的文案创作者并不多，有很多人反映说 AI 工具给出的答案刻板单一，也有很多人说用 AI 工具辅助写文案，效率提升 100 倍还不止。

为什么会有这样大的差别？原因在于你给出的AI工具的指令不同。譬如说，我要推广一个为期14天的写作拆解课程，我用的是ChatGPT3.5，我给出的指令是：请写一条关于14天文案拆解课程的朋友圈文案。ChatGPT3.5生成的答案是：

掌握文案的精髓，从拆解开始！加入我们的14天文案拆解课程

是不是感觉这条文案特别平常，没有吸引力？那是因为我只给ChatGPT3.5发布了任务，还缺少其他条件。如果你的指令是"你是一位朋友圈营销文案导师，擅长文案写作，请写一条关于14天文案拆解课程的朋友圈文案"，ChatGPT3.5生成的答案是：

揭秘写作的艺术密码，打破文案的迷雾！加入我的14天文案拆解课程，带你深度剖析经典案例，解锁写文案技巧的新境界。与我一起探索文字的奥秘，提升创作水平，成就你的文案之路。不容错过的写作之旅，快来一起开启吧！#写作拆解#文案写作#提升创作水平#文案导师

相比上一条来说，第二条更生动，但吸引力还不够，对于用户来说，没有给出用户需要选择的理由。继续补充向ChatGPT3.5提问："你是一位朋友圈营销文案导师，擅长文案写作，正在推出14天文案拆解特训营的线上课程，课程核心卖点：陪练拆解7大爆款文案基本模型，轻松学会文案创作课程权益：①7大课程+一对一拆解实战陪伴；②AI助力文章拆解提升文案写作力；③提供价值599元一对一文案拆解服务1次；④提供价值799元营销策划卡点咨询服务1次。上课方式：在线直播授课，可无限循环回听。请根据以上内容给出3

条朋友圈文案，每条文案字数在50字以内。"ChatGPT3.5生成的答案分别是：

揭秘7大文案模型，14天在线特训，与导师一对一实战陪练，AI助你轻松掌握文案创作技巧！升级你的写作力，还有专属拆解服务和策划咨询等超值权益，599元全包！#文案拆解特训#提升写作力

写作达人，现已解锁7大文案基本模型，14天线上特训开启！与导师一起深度拆解，AI智能提升文案水平。599元豪华课程包含一对一服务、策划咨询，升级你的文案功力！#文案写作#提升写作技巧

14天文案拆解特训，全程在线直播！掌握7大爆款文案基本模型，与导师互动学习，AI助力提升写作实力。599元超值课程包含一对一拆解服务和策划咨询，助你成为文案高手！#文案特训#提升写作水平

看完上面给出的3条文案后，你会发现给出的指令越清晰，AI工具给出的答案越精准。为此，我总结出借助AI工具创作文案的提问模式：角色+任务+说明+关键词。这是以提问的方式让AI工具助力完成创作。在我上面的提问中，角色：朋友圈营销文案导师；任务：3条朋友文案；说明：擅长文案写作、50字以内；关键词：课程核心卖点、课程权益。

但是，AI工具创作的素材是有时限性的。如果你想以某热点为话题进行文案创作，而AI工具是无法直接追踪热点的，也就是说它对于当前新发生的是不了解的。那么，这时候需要怎么做呢？把你知道的热点投喂给它。

譬如"南方小土豆"这个网络热词，我先是问它是否知道

"南方小土豆"，ChatGPT3.5给我的答案是：

谢谢你的解释！看起来，"南方小土豆"是一个源于网络热词和搞笑视频的称呼，用来形容南方游客在北方玩雪时的穿着和行为。这种称呼通过网络传播，并演变成一种幽默、友好的方式，被人们用来表达热情和欢迎。有时候，这样的网络热词和梗能够在社交媒体上引起很大的共鸣，成为一种流行文化的象征。如果你有其他问题或需要更多信息，随时告诉我！

接着，我继续提问：湖南人喜欢吃辣椒，无辣不欢，也为人热情，请模仿"南方小土豆"的称呼，给湖南人3个以上的称呼。

ChatGPT3.5的答案：辣椒勇士、湖南辣妹妹、辣椒之子、湖南辣皇，并给出每个昵称相应的解释。

由此可以看出，AI工具虽然不知道什么最新热点，但会根据你给出的提示做出相应判断和思考。除了给AI工具投喂相应知识外，还可以通过AI工具拆解文案，然后再做出相应模仿。

给到AI工具的："杏子和杨梅是酸酸甜甜的，爱也是。——好望水。请根据这句广告文案拆解分析其创作结构。"

ChatGPT3.5对这段文案的分析：引入主题、形容产品特质、建立类比、引用、结尾。

随后我要求ChatGPT3.5参考以上创作结构进行关于文案写作培训课程的文案创作。ChatGPT3.5的答案是：

文字如同优雅的舞者，舞出动人旋律。——创作力培训

句句如诗，每个字都是一个音符，奏响心灵的交响乐。——文案之美学训练

从上面关于 ChatGPT 的应用可以看出，AI 工具确实是在遵照指令进行创作。像 2025 年春节期间火起来的 DeepSeek，这款国内推出的全能 AI 对话助手，多项性能指标对齐海外顶尖模型。它的口号就是"我可以帮你搜索、答疑、写作，请把你的任务交给我吧～"

让我们继续以 DeepSeek 为例，看看它是如何创作文案的。把前面投喂给 ChatGPT3.5 的关于"我要推广一个为期 14 天的写作拆解课程"问题，以第 3 次提问内容同样投喂给 DeepSeek。DeepSeek 给出这样的答案：

① **爆款文案轻松学！** 7 大模型拆解，AI 助力提升，一对一实战陪练，599 元拆解服务免费送！立即报名，文案小白变高手！

② **文案创作不再难！** 7 天课程 + 无限回听，799 元咨询免费享！AI 拆解，实战陪练，轻松写出爆款文案！

③ **14 天变身文案达人！** 7 大爆款模型拆解，一对一陪练，AI 助力提升，599 元拆解服务 +799 元咨询免费送！速来抢位！

相同的提问，两者给出的答案从风格到精准性都不一致。不能说谁好谁差，只能说仁者见仁，智者见智。在这里，DeepSeek 同样也是需要驯化的，只是方法跟 ChatGPT 会有些不同。为了能更好地使用 DeepSeek 创作文案，我们需要在向 DeepSeek 提问前，先问 DeepSeek 需要我们提供什么信息。

如要写朋友圈文案，可以先这样发问："我要你帮我写一条朋友圈文案，为了确保文案的专业性、可读性和传播性，你需要我提供什么信息，才能写出优秀的朋友圈文案？"

DeepSeek 给出答案：

为了确保文案的专业性、可读性和传播性，我需要你提供以下关键信息：

① **目标受众**：你的朋友圈主要面向哪些人群？（如：职场人士、创业者、宝妈、学生等）

② **核心卖点**：你想突出课程或产品的哪些核心优势？（如：7大爆款文案模型、AI助力、一对一陪练等）

③ **用户痛点**：你的目标受众在文案写作或营销中遇到的主要问题是什么？（如：不会写文案、缺乏创意、效果不好等）

④ **行动指令**：你希望用户看完文案后采取什么行动？（如：报名课程、扫码咨询、领取福利等）

⑤ **情感共鸣点**：你希望通过文案传递什么情感或价值观？（如：轻松学习、快速提升、专业陪伴等）

⑥ **附加福利**：是否有额外的福利或优惠？（如：免费拆解服务、限时折扣、赠品等）

提供这些信息后，我可以为你量身定制一条更具吸引力和传播性的朋友圈文案！

从它的答案可以看出，越来越接近专业维度，这等于是在驯化你的 DeepSeek。当你根据它的回答给出答案后，那么就可以进行下一步真正的提问阶段。

这时候，同样也可以套用公式：身份＋任务＋对象＋关键词＋效果＋注意事项。

我的提问：

我是一名朋友圈文案营销导师，需要生成5条不同的关于

14天文案拆解特训营线上课程的朋友圈文案,给自媒体初创业者看,重点突出"一对一拆解实战陪练",希望能让用户看完后咨询或立即购买,注意每一条朋友圈文案控制在50字以内,口语化表达。

DeepSeek 的答案:

① **文案小白也能写出爆款!** 14天一对一拆解陪练,手把手教你拆解爆款逻辑,自媒体创业必备技能!扫码咨询,立享599元拆解福利!

② **写文案总没灵感?** 14天特训营,一对一实战陪练,帮你打通文案任督二脉!自媒体创业,从写好文案开始!💥

③ **14天,让你的文案脱胎换骨!** 一对一拆解陪练,自媒体创业者的文案加速器!扫码报名,立享限时福利!

④ **不会写文案?别怕!** 14天一对一陪练,拆解爆款套路,自媒体创业路上助你一臂之力!立即咨询,抢占名额!

⑤ **文案写不好,流量怎么搞?** 14天特训营,一对一拆解陪练,自媒体创业者必备!扫码报名,立享599元拆解服务!

我再将提问略微进行修改,不限制字数,增加场景感:"我是一名朋友圈文案营销导师,需要生成5条不同的关于14天文案拆解特训营线上课程的朋友圈文案,给自媒体初创业者看,重点突出'一对一拆解实战陪练',希望能让用户看完后咨询或立即购买,注意每一条朋友圈文案有场景感,口语化表达。"

DeepSeek 的答案:

① **"文案写半天,阅读量还是个位数?"** ☹ 别急!14天一对一拆解陪练,手把手教你拆解爆款逻辑,让你的文

案也能刷屏！自媒体创业，从写好文案开始！扫码咨询，立享599元拆解福利！

②**"每天憋文案，头发都快掉光了！"**14天特训营，一对一实战陪练，帮你打通文案任督二脉！自媒体创业，文案是基本功，快来提升你的写作力！✸

③**"别人的文案10w+，我的文案没人看？"**📈14天一对一陪练，拆解爆款套路，让你的文案也能吸引眼球！自媒体创业，文案是关键，扫码报名，立享限时福利！

④**"文案写不好，粉丝怎么涨？"**📈14天特训营，一对一拆解陪练，自媒体创业者的文案加速器！别再为文案发愁，扫码咨询，抢占名额！

⑤**"文案随心写，结果随心凉？"**❄14天一对一陪练，手把手教你拆解爆款逻辑，让你的文案也能打动人心！自媒体创业，文案是核心竞争力，立即报名，立享599元拆解服务！

从上面这些答案可以看出，你越驯化DeepSeek，它给出的答案越能让你满意。不过，想要文案更有创意还是离不开自己的思考。使用AI工具进行文案创作的好处是提高文案创作效率，拓宽文案创作者思路。

除了以上驯化使用AI工具外，还可以通过AI工具进行文案检查。也就是将你创作好的文案投喂给AI工具，让它帮你检查是否存在错别字、违禁/敏感词汇，对你的文案创作进行点评，并请它继续优化。

当你在文案创作时，能将以上方法使用其中，相信你的AI工具也会变得人性化且有创意。但是，你可能仍然会有疑问，到底有哪些AI工具可以用来创作文案呢？比较常见的有

ChatGPT、DeepSeek、豆包、文心一言、句易网（主要针对小红书、短视频以及电商平台查违禁词）、文案AI（输入你想表达的意思，会直接有20个表达该意思的句子供你挑选）、秘塔写作猫（可以帮你检测语病和错别字）、AI文案猫（微信小程序，有多种文案场景可以选择）、阿里妈妈智能文案（主要针对电商文案）、易撰（主要是对各大自媒体平台内容进行整合，关键词输入即生成内容）等。前面4种算是综合型AI工具，后6种是根据不同创作场景、不同应用需求的技能型AI工具。

通过这些工具的使用，可以更好地激发创作灵感，更高效地完成文案创作，更快捷地进行文案宣传更新。我想之所以会有AI工具的出现，并席卷各行各业，除了降低成本外，就是让工具更好地为人提供服务，而不是工具取代人。文案的创作离不开人，也需要工具的加持。但好文案的关键在于创意和经典，而AI工具能赋予创作者的是启发和思路，却无法取代创作者的创意思维。

Day 13

驯化不同的AI工具写文案可以参考以下方法：角色＋任务＋说明＋关键词指令（身份＋任务＋对象＋关键词＋效果＋注意事项）、投喂再创作（热点和文案示例）、文案检查再优化。虽然AI工具能为创作者赋能创作文案，但依旧无法取代人的文案创意。

第三部分

实战篇

说得多,不如做得多。懂得再多的文案理论,不如自己下场练一练。在最后一篇中,我们结合自己经历过的案例,带着你从朋友圈到小红书、视频号再到社群发售、电商详情页、个人品牌故事、个人品牌广告语、商业写作变现8种不同的渠道,实战文案写作。

列出的案例都是身边常见的,也有可能是你接触过的,但是你没有意识到的是去拆解这些活生生的案例。见过千帆过境,并不一定识得千帆。我们用简单的语言就像大白话式的文案,为你揭开这些渠道的文案写作真相。

如果你刚好想要搞懂这些文案是如何写出来的,则可以跟着我们的实战训练起来。朋友圈不只是简简单单发个朋友圈而已,小红书也是有其内在规则的。能写文案不代表能驾驭这些渠道的文案。先说后练,那么在这最后的环节是时候该练起来了。

第14天　朋友圈文案的谋篇布局之道

朋友圈刚兴起的时候，还不像现在这样竞争激烈，很多人只是拿来分享自己的生活及工作日常。后来有了微商，朋友圈则成了卖货的海洋。不管是你自己还是微商本人，都被淹没在广告中，甚至有些人开始抵触朋友圈。

拉黑、屏蔽、关闭朋友圈……"原本只是想通过朋友圈了解朋友们的现状或者是能刷到一些有意义的东西，但都是什么代购、面膜、减肥产品，简直比看电视的广告还多！"我一闺蜜曾这样对我吐槽。我虽理解那些卖货朋友们的行为，但也一样觉得困扰。

后来，微信不断升级优化，实施相关政策，微商广告少了，甚至广告发多了会被自动折叠或屏蔽。做微商的人也跟着少了，但朋友圈也并没有回到原来只分享生活和工作的状态。

那么，对于想要打造朋友圈的人来说，该如何做呢？当然是先从文案着手，文字才能隔着屏幕打动人心。

从微信朋友圈的一路迭代发展看，目前朋友圈里的文案内容主要有4个维度：生活、专业、认知、价值。

1. 生活

先来说生活吧，这是比较常见的，也是微信开始兴起时分享内容最多的类型。生活包含哪些内容呢？我们常见的晒娃、晒幸福、晒闺蜜就是，这是一种人物关系。

分享下我周末的亲子作品#秋天来了，是我和两个孩子一起努力的结果！儿子女儿负责在公园里寻找各种落叶，我负责设计故事、指导剪裁，儿子女儿争着要自己动手……一本关于秋天的落叶制作的故事书在一片欢声笑语中诞生！

谢谢你，我的××先生！生活里除了柴米油盐，还有你给的满满的爱的仪式感！

我和她的10年！她，就是我身后的女人！从相识到今天，我们从少女到少妇，我们见证了彼此最美好的年华，也一起彼此温暖走过低谷！愿下一个10年，下下一个10年，我们还是彼此的老闺蜜！

总的来说，通过晒生活给人一种亲近感和认同感，拉近彼此的距离。这种人物关系式的文案主打真诚、真实。以上3个朋友圈文案分享，都分别营造了不同的场景，让人感同身受。

除了人物关系，还有兴趣爱好、自我成长。如分享自己喜欢的美食、电影、运动、风景，自己看过的书、上过的课等。当然并非全方位360°无死角将自己的生活展示给他人看，而是把你想呈现的一面，也就是你的标签、生活人设摆出来。

譬如，分享自己爬山的朋友圈文案：

人为什么一定要往上爬？站在山顶、山腰、山脚那是完全不一样的世界！站在山顶的人，一定是经历过山脚、山腰的风景，他的心中能装下低处的平淡，也能看见高处的远阔！也许你还在山脚或是山腰，那也没关系，当你往上够一够时，你会发现人生的风景是有层次的！

从这段文字来看，是单纯的爬山吗？不是，更是通过爬山在分享自己的生活态度！分享生活类的文案，总的来说，可以是一个小故事，也可以是感想。要想让自己的生活类朋友圈被人喜爱，就要持续分享，更要当作小作文一样去写。在语言上注意真诚、真实、诙谐幽默，使用假设问句或者对话形式，运用排比、比喻、拟人等修辞手法，这样分享的目的就是让人能代入其中，并产生认同。

2. 专业

顾名思义，就是你在做的事，你的主业副业。通过朋友圈文案的形式展现你在自己领域的能力、专业知识，还有你的团队、你的客户反馈。

就拿我自己来说，我目前是一名轻创业者，主要是做线上写作课程。通常我会在朋友圈分享我的产品，我在写作上获得的结果，还有学员的好评。因为目前是没有团队状态的，所以在团队这一类文案上少有。

报名 2024 年年度课程，即赠送价值 699 元齐帆齐商学院定制文创产品！无限循环回听、不限文章点评、推荐签约合作机会、打造个人品牌、提供私教式服务！

这是分享我的产品，也是我具备的专业知识，这一类型的文案是像上面一样直接讲清产品权益。还有一种就是植入式的。

有了相机，人们习惯以照片的形式记录；有了录像，人们习惯以视频的形式记录。以文字的形式去写作去构建仿佛成为过去，但实际上它依然强大。工作要会写提案、写总结，开家长会要会写发言稿，哪怕是分享日常也是需要文配图。写作成了这个时代的必备技能，齐帆齐商学院推出的2024年度课程，刚好就能满足你的写作技能提升需求，同时还能帮助你通过写作打开另一扇搞钱的大门！只要你具备写作的能力，一字千金不再是夸张！

我偶尔还会在朋友圈分享我在写作上的成果："上稿省级刊物《作家文苑》……""7年多资深在线教育经验，拥有多渠道写作合作资源，已出版7本书籍，学员约3万，遍布全球18个国家！"这也是展现我的实力，让他人看到。

又有好几位学员上架微信读书、喜马拉雅等平台！学员合集纸质书即将面市，宠内部小伙伴是认真的，安心写陪你成长为你保驾护航！

又一位说后悔没早点认识我！

从我的产品介绍、个人能力展示、结果分享到用户反馈文案，让我的朋友圈有了一定的专业性。

3.认知

所谓认知，就是在朋友圈里分享自己的感想、看法、想法、观点。那么，如何去表达这样一个抽象的事物呢？

从写文章到改文章，从一群人一起写到一群人一起打磨文章，这样的感觉真好，被看见、被需要、被接纳！

从这条朋友圈的文案分享可以看出，是个人对写作的感想和看法。我们来拆解下：一件事——写文章到改文章，一群人一起写到一起打磨文章；感想——真好；看法——被看见、被需要、被接纳。

参考这个模式，我们来写关于运动的：

从迈不开腿到甩开膀子跑，从1公里到5公里，我第一次有了畅快之感，原来跑步不只是身体在运动，心也在跟着锻炼。

可能很多人觉得认知类的朋友圈文案不好写，哪有那么多认知可以分享。其实很简单，分享你看过的某篇文章，对其中的某个观点进行提取，说出你的看法即可，还有热点事件、生活日常小细节等。认知可以跟生活、专业相结合，就像前面提到的关于分享日常生活爬山，既分享了生活，也表达了自己的感想。

一句话总结，认知类朋友圈的文案素材源于个人对生活、工作、社会见闻的观点。

4. 价值

简单点说，就是你能给对方的，你能为对方提供的价值。这个价值既可以是无形的，也可以是有形的。一般价值会结合专业这个维度提供，即：介绍产品/服务特色+提供价值（解决用户痛点）。这对于打造个人超级IP的创业者来说是不错的选择。

……每周至少2节直播课，月度社群陪伴，额外赠送2套等价课程，再赠送188本电子书，你将有机会签约上稿，1个月内实现写作变现……

还有一种提供情绪价值的，也就是能带给人正能量的文章分享。

朋友圈晚安分享第100天，在最简单的状态里，得到最满足的丰盛。用生命影响生命，用状态吸引状态。

这种一般就是金句+美图分享，让受众从你的分享中得到自己想要的正能量。

朋友圈文案大致分为这4类，但这4种类型的文案并非独立的。我们在经营自己的朋友圈时，要以自己的人设标签及风格去分享朋友圈文案。如果你是一位创业的宝妈，那就要多分享自己陪伴孩子的日常生活+自己的专业，因为在晒日常生活和专业时也是在进行认知和价值输出。

了解了这4种朋友圈文案类型后，还需要了解朋友圈的发圈规则以及自己的微信好友人数，因为你的朋友圈分享是否能被看到，与这两者也有很大的关系。

如果你的微信好友在3000人以上，建议每天发7~10条，因为人数越多，说明越容易沉没，更要通过高频次发朋友圈去触达。如果你之前发圈不多，不管你是从上面四个维度中哪个维度出发，一定要先考虑用户的接受程度，初期分享朋友圈文案时也要根据自己的用户去设计，避免用户的莫名其妙和厌烦感。可以采取第一个星期每天1~3条，第二个星期每天4~7条，第三个星期后固定在7~10条，这样就逐步打造出了属于你自己风格的朋友圈文案。

以上这些都是朋友圈文案的常规操作方法。如果你现在要做一个线上产品的营销，那么，你的朋友圈在做这个线上产品营销时，以下几点必须注意。

（1）发朋友圈文案要有关联性

与前期发布朋友圈的文案相关联，形成朋友圈的连续剧播放。如我第一天的第一条发圈文案是关于某个产品活动，那我第二天的发圈文案主要是紧跟前面有宣传活动的卖点进行。在这条文案中结合海报图，重点揭示活动开展中的噱头，如活动直播福利实物实拍图，顺带告诉大家抽奖在即。

（2）发朋友圈文案语言要有趣味性

结合一些好玩的网络词汇，进行文字重组优化后发出。当然要注意的是，语言不能是恶俗的，而是大家耳熟能详的，要有记忆点。怎么理解呢？就是要大白话，就像朋友之间的对话一样。

原来i人和e人之间的区别并不在于是否社恐，而是在于是否有一个属于他们的真正圈子！

为了向潜在用户宣传一个陪伴且同频型的线上产品，将网络热词"i人""e人""社恐"用在这里，一边是诙谐的说法，一边是为了引出自己的产品的"真正圈子"。

（3）发朋友圈文案要有时效性

要根据活动的时间节点进行安排。就拿社群发售来说，不仅要踩着节点在朋友圈输出不同类型的产品活动的宣发文案，也要跟上活动时间节点，进行实时输出。怎么做到实时输出呢？提前了解产品活动的走向，以及相关社群的动向，还有幕后团队的一些小花絮，从这里面找素材组织文案进行朋友圈分享。

我曾参与过某位老师的短视频产品发售，根据活动SOP表，我会收集相关社群内的聊天互动截图或是海报图当作素材，还要提前准备5条以上的文案备用，同时配合正在进行的直播，不断组织人员在朋友圈进行滚动式分享。

（4）发朋友圈文案要有故事性

前面有提到发朋友圈要像连续剧一样，也就是要有看点，看点就是要有故事性。如果只是干巴巴地在朋友圈分享产品和服务，很难抓住用户的心。而把你的产品或服务加上一个小故事后就会变得不一样。

故事能让不同的人感受到不同的深意，也就是1000个读者眼里有1000个哈姆雷特。具体该如何做呢？

结合用户好评或互动进行素材提取，形成简单语言的概括，从而形成故事主题。如有用户反馈自己自从跟着学会写作后，第一次发布的文案获得了"10万+"阅读。把这条素材加工成产品宣传的朋友圈文案，可以这样写：

二胎妈妈红叶在群里分享说：在没有遇见××老师之前，她的写作根本就是自娱自乐，更别提阅读量，就连老公都说她是癞蛤蟆想吃天鹅肉，根本就不是写作的料。红叶非常不甘心，凭着她对写作的热爱，一直在坚持。直到她遇见××老师后，她才发现写作原来是有套路的。当她结合这种写作套路尝试写了一篇文章后，令她没想到的是这篇文章爆了，成了她的第一个10万+爆款文章，接着又有了第二篇、第三篇……更惊喜的是居然有广告商要找她投广告！如果你对写作感兴趣，如果你也想像红叶一样，那么可以先来听听红叶他们的分享！扫下图二维码，赶紧加入！

在这个故事里，让人有共鸣的点是二胎妈妈，老公的不理解，自己的不甘心，对写作的热爱。不同的人看到这条故事型文案会产生不一样的化学反应。当然，如果不需要实时发圈，可以提前预埋故事点，讲好故事发朋友圈。

（5）发朋友圈文案最好用第一人称

现在的人不喜欢听到教训式口吻的广告，更喜欢听"我"说。因为"我"和你是一样的，能站在对方的情感考虑，而且更拉近距离，让人好奇这个"我"到底怎么了，也是基于人的窥探欲。

（6）发朋友圈文案要预埋引子

像做线上产品的营销，一般是以社群发售的形式进行。在活动正式开始前，会在群内进行活动预热（提前造势），群内互动活动即将结束时，或是在预热期间进行活动开始的倒计时，为了进一步增强群内互动黏性，一般都会在互动结束时同步朋友圈发布一条设置悬念的文案，让用户继续期待第二天的互动。当然，这个引子一定是要大家感兴趣且愿意上钩的，这样引子才能抛得好。而怎样让引子更有价值，就得看你发朋友圈的文案能力。

（7）发朋友圈文案要结合图片/视频

现在的朋友圈多是图文结合的。文字过长，不一定会有人耐心浏览，而图片或视频则更有直观性。简短易懂的文案是对图片或视频亮点的提取，想要自己的朋友圈文案不被埋没，一定是醒目的图片或视频＋吸睛的文案。

特别是现在，微信已经升级，朋友圈又进行了新的调整，在发图上不建议直接发3图，因为比例不再是平铺的1∶1形式，而是第一张图2∶1，后两张1∶1，会影响朋友圈整体美感。

（8）高频次发朋友圈

你可能要问为什么要高频次发朋友圈，很久以前那些微商不就是因为刷屏结果"死"掉了吗？注意，这是活动期间，就好比是天猫做双十一活动铺天盖地的宣传一样。经营朋友圈本身就是在做私域营销，完全没必要担心被人厌恶、拉黑，能在你朋友圈里待长久的，说明是真正愿意靠近你、欣赏你的人。为保证让人能看到你的朋友圈分享，根据朋友圈的算法机制，建议10分钟一次，有时候反而就是那些平时联系弱的人，才是真正需要你产品或服务的人。

这样高频次发朋友圈就是为了被看见，但是并不意味着同一文案重复性出现，这时候的刷屏一定是要有看点，上下朋友圈文案是能衔接的，就像连续剧播放一样。

综上所述，朋友圈文案分为日常版和活动版两大块，日常版要从生活、专业、认知、价值4个维度进行分享，活动版则是在日常朋友圈文案的基础上侧重专业维度，重点是通过朋友圈做好整个活动期间的文案宣发。

需要注意的一点是，朋友圈发布的文案除了会被淹没外，还会被屏蔽、折叠。所以，发朋友圈文案的前三行特别重要，就像标题一样，一定要吸睛，一般30个字是能完全看到的。

朋友圈文案不只是要打造好内容，更要懂得朋友圈经营规则。不同时间点对应发不同内容，排版配图，自建带话题加#，说白了，朋友圈就是在经营自己，所有通过朋友圈发布出来的内容都是宣传自己的文案，因为这是一个人人都是产品的时代，朋友圈文案给了每个人营销自己的机会。

Day 14

朋友圈文案的4个维度：生活、专业、认知、价值；做线上产品营销时，朋友圈文案需要注意关联性、趣味性、时效性、故事性，使用第一人称、预埋引子、结合图片/视频，高频次发朋友圈。朋友圈文案分为日常版和活动版，两者发布时的侧重点不同。

第15天 5步搞定爆款小红书文案

众所周知，小红书是一个以年轻女性为主的社交平台。从最初的购物心得分享和评价到现在的社交、购物和内容分享的综合性平台，小红书被越来越多的年轻群体喜爱。与此同时，小红书下沉到三四线城市，甚至很多大V也入驻小红书。小红书不仅给品牌和商家产品引流和销售的机会，也给了小红书普通用户曝光和链接的机会。

对于普通用户来说，在小红书获得发展的机会更多。但是如何捅破通往这层机会的窗户纸，还得先从文案开始。因为小红书不同于其他平台，它就是一个以笔记形式分享为主的综合性平台，能写且能写出好文案才符合小红书的调性。

1. 小红书文案的类型

想在小红书写出爆款文案，首先得清楚自己的赛道，也就是自己的定位。在小红书，常见的赛道有产品推荐、生活分享、搭配/穿搭、护肤彩妆、情感共鸣、旅行攻略、美食、知识普及、影视剧/综艺等，随之对应的也有9种不同类型的文案。

产品推荐文案：分享对某个产品的心得、评价，这类文案比较直接，具体呈现产品相关信息。

生活分享文案：分享自己的日常生活，如育儿生活、搞笑瞬间、情侣生活、创业日常等。

搭配/穿搭文案：向用户展示不同场合不同时节的衣着搭配和时尚趋势，同时会挂相关服装购买链接。

护肤彩妆文案：分享个人护肤、化妆经验和技巧，或者是直接分享推荐自己使用效果比较好的化妆品、护肤品，告诉用户如何达到理想妆容。

情感共鸣文案：以感性的方式分享个人心情、感悟等，通常以情感小故事或是金句形式呈现，达到吸引用户关注的目的。

旅行攻略文案：向用户分享自己的旅途风光，并推荐景点，同时提供攻略，有些会附带上相关旅行产品的链接。

美食文案：常见的是以探店的形式分享美食，还有一种就是自己动手做美食的形式。

知识普及文案：分享一些普通人难以知道的某些专业领域的小知识和技巧，吸引用户的注意力，为用户进行专业知识普及。

影视剧/综艺文案：多以短视频的形式出现，分享经典电视剧或电影的片段或整个剧情线，分享综艺也如此，最后提出自己的看法或观点。

这些不同类型的小红书文案，都是连接用户和创作者、驱动互动的关键要素之一。不管是哪个赛道，一篇优秀的小红书文案不仅可以吸引大量关注，还有助于建立个人或品牌的形象，提高流量转化。

2. 小红书文案的特点

在清楚了小红书有哪些不同赛道类型的文案后，我们要根据自己的定位去关注同类型赛道，更要了解自己目标用户的喜好和需求。然后根据自己的风格去选择适合自己的文案风格。但是，不管是怎样的文案风格，小红书上的文案都有其共同特点。

个性化：也就是说文案通常带有个人色彩和标签。作为创作者来说，会分享自己的真实感受、经历、观点等，能让用户有更强的代入感。

情感表达：文案是带有情感元素的，通过某一事例表达自己的情感，如开心、愤怒、伤心等，同时又能引发目标用户的共鸣。

清晰简洁：一般而言，小红书文案的内容都有着自己的逻辑结构，内容很丰富，但文字字数不超过 1000 字，简洁明了，可读性强，不会让目标用户感到内容过长。

配图：根据文案内容精心搭配图片，从视觉上提升吸引力。小红书一般都是图文搭配，甚至会在图片上做设计，让部分文案内容以图片形式呈现。当然，目前小红书上也有小视频，原则上也是文案内容与视频保持一致性。

强调互动：小红书相对于其他平台来说，优势在于内容良好且有深度的互动。所以在博主的文案分享中常会在结尾处强调评论、点赞、转发等，这样有助于活跃目标用户，增加用户黏性。

引导行为：一般都会包含引导动作，包括引导关注、引导购买、引导参与等行为，有助于提高目标客户的转化。

专业性： 从以上不同赛道文案分类可以看出，在小红书出现的文案也会要求一定的专业性，如护肤、穿搭、运营等，文案中既要包含专业建议，也要有技巧和知识分享，通过文案体现博主的专业度。

以上是小红书文案的基本特点，我们在写小红书文案时，就要结合小红书文案的特点考虑如何呈现自己的文案。从自己的赛道入手，找准自己的文案风格，结合小红书文案特点构思自己的小红书文案。

3. 小红书文案的结构

在这里，关于小红书文案同样也有一个通用模板可以参考。我一般在写小红书文案时会从标题、开篇、主体内容、配图、结尾5个维度展开构思。

标题： 小红书文案标题分为封面标题和文字标题。所谓封面标题就是在浏览小红书过程中通过首图看到的文字。文字标题则是在图片下方，就像是淘宝商品图片下方的商品名一样呈现。

小红书文案的文字标题一般不超过20个字符，在主页一般只显示15～18个字符，尾端直接隐没。关于封面标题，建议与文字标题呼应，基本保持一致，在字数上也不宜过多，字体要有大有小，有重点突出。

小红书文案的标题一定要有文案内容的关键词存在，因为小红书的检索就是通过标题展开的，而且用户在浏览过程中，主要是被标题吸引。所以在标题中不要出现不必要的字词，如"的""这么"等，还有一些不相关的符号，一来避免占用标题字符，二来有利于更精准地表达。

大学生：这是我的寒假穿搭

回村前 VS 回村后，睡衣是你出街的标配吗？

这里两个标题，从小红书文案标题的规则看，你觉得哪个标题更合适？第一个简单直接，关键词突出；第二个标题有点过长，后面部分被隐没，且为疑问句式，关键词过多。如果让你来改写，你会怎么写呢？内容要表达的就是大学生回村后的穿搭日常。

开篇： 就像一篇文章一样，要有导入环节，对于这部分，字数要求在 50～100 字。这部分的作用就是要吸引用户的注意力和激发用户兴趣，可以从背景信息、个人经历或其他有看点/笑点的事例入手。总之，这部分文字是轻松的，不能过于严肃。

嗨，你们好啊～我是齐帆齐，一位自由撰稿人！

经常有小伙伴说，我也想写作，可是每天不知道写啥，总觉得没什么东西可写，我们知道在这个时代，想写作的人很多，但是能持续写下去的人却很少，为什么呢？

这是我写的一篇标题为"写作干货分享提高写作能力的 6 种方法"的文章的开篇，首先以轻松打招呼的形式切入，然后讲了一个场景，再抛出一个问题，这是比较常见的开篇形式，一般博主都适用。

主体内容： 是文案的核心部分，包括详细的相关信息、论点、经验等。这部分要求结构清晰、逻辑表达顺畅、层次分明，能给到用户关键的价值信息。

还是以我发过的"写作干货分享提高写作能力的 6 种方法"这篇小红书笔记为例，其主体内容如下。

①每月参与一两次聚会。

②每季度去一个城市旅行，所谓读万卷书不如行万里路。

③如果可以，每年去一个国家，增加见识，提升眼界。

④每天背诵一首古诗词和一个成语，锻炼语感。

⑤每月体验一种职业。

⑥写作的仪式感。

在这部分我直接给出了自己关于提高写作能力的 6 种方法，正是这篇笔记的核心部分。对于主体内容部分就是以列点展示为主。我在前面部分提到过不同赛道的文案，主体内容按列点展示的以知识普及类为主，其他赛道的文案主体内容部分要么更简单、直接，要么在列点展示的基础上，根据每一个论点再具体深入展开。

像美食文案，主题为探店介绍某家饭店的招牌菜，它的主体内容为几道招牌菜，再在每一道招牌菜后面继续详细补充。如推荐口味虾，店内必点招牌，里面有藕条，还有虾处理得非常干净，去了虾线开了背，吃起来特别方便，直接拿虾蘸汤汁，简直人间美味！

配图： 就是根据文案主体内容搭配图片。图片的好处在于一目了然，更直观、更清晰，让用户进一步被吸引。特别是封面图，一定要是大标题形式，简洁突出，同时也需要不同颜色的小字辅助，就是一眼看过去要有大有小、主次分明，色彩选择上不要超过 3 种颜色。后面的图片部分则要与文案内容相符，既可以是图片化的文案内容的呈现，也可以是纯图片。

对于小红书的配图来说，封面图片是相对关键的，所以也有其他呈现形式——直接发布内容，即大标题 + 小字分列展示观点，这样做的目的就是直接用内容吸引用户，用户感兴趣的话则会直接点击进去浏览，相当于激发用户的好奇心理。

小红书的配图最多18张（含封面图），一般发1～9张即可，如果是旅行攻略、美食、影视剧/综艺赛道的，图片大于9张以上观感更好。封面图比例为3∶4（竖版）或4∶3（横版）。

结尾：小红书笔记的结束部分，这部分通常是对前面部分的总结或再陈述，强调博主的立场和观点。也有可能是博主个人的自我介绍，介绍自己的身份、自己的个人标签，进一步加深用户对博主的印象。再接着就是引导关注或互动等，有些带货的文案则直接是购物链接或活动参与等。

如果薯友们对×××还有什么疑问，欢迎在下方评论区留言讨论，如果对你有帮助，也希望能得到你的点赞！——疑问引导式互动结尾

现在，点击下方就能购买/免费领取×××啦！——引导式成交结尾

今天的分享先到这里，我们下一次接着分享×××，喜欢的宝子们可以先关我！——预支引导式互动结尾

我是×××，感谢你的喜欢，和你一起分享……——自我介绍式互动结尾

以上4种不同的结尾方式，要根据自己的赛道风格和自己的个性决定如何运用。

以上就是一篇完整的小红书笔记的结构分析，简单来说，小红书文案其实就是按照总分总模式进行的。我们在进行小红书文案创作时，并不是完全照搬模式，而是根据自己的需要和风格进行调整。就好比开篇，有人喜欢直接抛观点，有人喜欢讲故事，有人喜欢提出问题……无论是哪一种，目的都是吸引用户的注意力，与用户之间建立初步的情感连接。在主体结构

上，有人喜欢直接用一、二、三点的形式展开，有人喜欢一边陈列观点一边案例论证或说明，有人直接一句话带过，把重点放在图片上。无论哪一种，只要是合适的，受大众欢迎的，就是一篇好的文案。

在小红书平台上，除了文案内容外，更需要重视的是用户黏性，也就是说要维系好与用户的感情。小红书相对其他平台来说，不仅内容高质量，用户也是高素质的。文案不仅是传递输出，更是激发与用户共鸣的桥梁。

Day 15

小红书文案的9种不同类型：产品推荐、生活分享、搭配/穿搭、护肤彩妆、情感共鸣、旅行攻略、美食、知识普及、影视剧/综艺。小红书文案的特点：个性化、情感表达、清晰简洁、配图、强调互动、引导行为、专业性。小红书文案的基本结构：标题、开篇、主体内容、配图、结尾。

第 16 天　短视频文案写作技巧解析

在这短视频如日中天的年代，用户都会习惯用碎片化时间打开视频观看。视频能带给人更直观的冲击力，一分钟的短视频能表达更为丰富的内容，相当于一篇四五千字文章的内容信息量。当下浮躁的社会，人们更喜欢短平快的东西。小到 5 岁孩童，大到 80 岁老人，一打开视频就看明白了内容，比看纯文字的门槛要低太多，还能快速汲取相关碎片信息。对于短视频创作者来说，也很容易占领用户心智，快速扩大影响力。

据说抖音用户突破了 8 亿，在抖音平台上创作短视频的账号达到了 1 亿人 +。

影像画面，声音加文案穿插一些故事场景，就形成了一个精彩的小视频。既然视频文案能在很短的时间表现出文章四五千字的内容，那这类视频文案是如何做到的呢？

对于任何优秀的短视频而言，最重要的就是脚本，脚本是短视频的灵魂，不管是口播视频，还是视频记录博客（vlog），抑或是讲书带货的视频。

短视频文案有哪些特点呢？今天这一章节详细拆解。

总体来说，一个短视频控制在一分钟左右最佳，时间太长怕完播率太低，用户打开你的视频，开头一定要吸引人，如果开头都不能吸引人的话，又如何能让人继续看下去，所以有了短视频文案必须重视开头黄金3秒的说法。利用好短视频的黄金3秒对于提高文案的吸引力很重要。可以尝试用一些吸引人的标题或者开头，让观众忍不住想继续看下去，可运用倒叙的写法，把一篇视频文案中最吸引人的一句话放在开头，再来呈现文案内容。

我们要明确自己的视频目标观众是谁，这样才能让文案更贴近受众的兴趣和需求。如果观众是年轻人，那么文案可以更轻松、有趣一些。文案的内容要简洁明了，不要过于冗长。毕竟，在内容过剩的年代，观众看视频的时间是有限的，他们更希望能在短时间内获得有价值的信息，我们要有用户思维，也就是利他思维。

同时，还要确保文案的各个部分之间能够顺畅地连接起来，形成一个完整的故事或信息。最好在文案中加入一些情感元素，让观众在享受视觉盛宴的同时，也能感受到你的情感能量传递，收获情绪价值。所谓得人心者得天下！

常见的短视频文案的结构可以分成以下几部分：

①确定主题（脑海里想好视频想突出什么思想主题）

②拍摄时间（打算用多长时间拍好所需要的镜头）

③文案标题（从内容中提炼规定数量的字作为文案标题）

④镜头画面（1分钟视频有30个左右场景画面）

⑤角度（每个画面分为近、中、远场景，更丰富立体）

⑥人物（是本人还是家人或搭档出镜）

⑦地点（选好几处拍摄地）

⑧空镜（如同电影中有几处空旷的镜头突出氛围）

⑨旁白（画面可另外配上文字）

⑩配乐与音效（根据文案内容搭配音乐）

⑪特效字幕（添加特效式字幕以增强视觉体验）

⑫时长（各平台以 1～3 分钟时长为主）

1. 十年体短视频文案

最近几年非常流行"十年体短视频"搭配李宇春的歌曲《和你一样》，歌词加一些成长经历中的老照片，很有一种代入感，引发集体情绪共鸣。

这类"十年体视频"的制作相对比较简单点，就是多花费点心思，找到从小到大成长过程中比较有标志性的照片，小时的黑白照，少年时的一些合影场景，再在剪映里添加字幕，这个字幕就是短视频的文案，文案是一个视频的灵魂。

下面是我的十年体短视频，拆解如下：

文案标题：一个女子奋斗的十年

文案内容：

我是齐帆齐，出生于安徽中部的农村。年幼时，也曾有快乐的童年，后来家庭变故，历经贫寒坎坷，遭受无数冷眼，早早辍学，做过多年服装厂工人、电子工，做过小摊贩等，直到 30 岁后，开始尝试在网络写作，签约自媒体平台，实现出书梦，成为自由工作者……人生有梦不觉晚，有梦想谁都了不起。

如果你也想做这类视频，你就如实地介绍自己的主要经历，尽可能地用简练的文字让读者通过这个短视频就了解你的个人故事。相当于视频版的人物传记，让人一目了然。你最低谷时是什么样子，目前最高光的事是什么，你是如何走出人生的沮丧期，再是升华文案的主题，如我那后面就写了句：人生有梦不觉晚，有梦想谁都了不起。

这样的视频，由很多老照片串成，看起来很有岁月的痕迹，有年代感和时光的味道。有转折、有故事、有能量，有些铁杆读者会自然而然地主动转发。

我的十年体短视频置顶于我视频号的主页，这个视频点击量也有好几万。

"十年体视频"主要是为个人品牌赋能的，当新朋友加你微信或想了解你的人，通过这个视频就可以了解个大概。这比一篇文字版的自我介绍、个人传记文，更有冲击力，更能植入别人脑海。

建议写这类短视频文案前，先写一个完整的人物故事，再从中提炼主要的关键点，一般在五六百字即可，好文案是反复修改打磨出来的。

我的老学员、95后茉莉姑娘的十年体视频文案拆解如下：

文案标题：一个姑娘的十年

文案内容（茉莉本人原创）：

我出生在一个偏远的山村，从小家里穷惯了，既没背景又没资源，更没有好的文凭……7年前，我经历高考复读失利，考学不理想，专业被调剂。当别人都在欢呼时，我除了恍惚，就是麻木。从走进大学的第一天起，我就充满了迷茫和绝望……

做过校园食堂服务员，每次下课都冲到前面，一路跑到餐厅 3 楼去打下手卖小面。在学校很多处角落，发不同种类传单页。当过快递小妹，跑男女整栋宿舍楼，去送同学们叫的外卖……当这些目标都要实现时，我却依旧活在"忙盲茫"里，看不到未来和希望。

2017 年，我有幸接触到一个大学生教育培训机构。遇到第一个人生精神导师，我的成长从这里开始。跟各大校外优秀大学生，一起学习公众演讲表达、心理学、销售和人际，以及商业场景训练……

身边人总说我太拼和疯狂了，其次就是嘲讽被传销洗脑。大二就对考教资、考研提心，正面临抉择时，有幸遇到第 2 个贵人。为此特意请假，去参加 2 天 1 夜线下课。我打开了商业本质认知，也开启了自媒体写作之路……

喜欢与文字相关的人事物，靠近热爱写作的河南姑娘@遇见萱齐，亲手写信，表达敬意。喜欢与文字相关的人事物，靠近热爱写作的河南姑娘@遇见小隐，给刚面世新书拍过宣传照……

大二那年，家庭出变故，父母又离婚。外表柔弱而内心坚韧的我，被写作疗愈了一整年……写作成了我的唯一，开启我的心灵成长之路……

因为不愿将就，也想靠写作走出一条路。但最终败给了现实，我也不得不随大流步入社会就业，但心里的这个梦从未忘掉……第一天入职报到时，我给心里种了一颗种子，付出不亚于任何人的努力。很幸运的是，我又遇到了一路走来带我披荆斩棘的小师傅，也是最佳盟友、好姐妹……

我遭遇过被中介骗，傻乎乎赔了不少费用。出租在偏僻郊区，几次遇到中年色狼警告，后因恐慌连夜收拾东西，次日清早紧迫搬房。经历职场极度迷茫和质疑，每天敏感猜忌、动辄流泪，甚至时刻想逃离工作环境。完全迷失了自我后，根本没办法自救，以至于我变得抑郁……

那是人生第一次，站在四五千人的大台面，我讲出了多年来束缚我的内心种种恐惧。说着说着，我哽咽了，于是，现场哭成了泪人。然后教授走上来，拥抱了我很久很久，那一刻，我被一种更大的力量给深深地疗愈了。再后，我逐渐穿越至暗，2021整年，改写了新篇章……

此后，我重整旗鼓，带着全新姿态投入工作。从0到1独立操盘项目，完成线上线下深度交付。作为项目负责人，我全身心地给予注意力和爱。我用新理念和极致状态，让这项目有了迭代和生长。……2021年11月下旬，我正式递交了辞职信……

没想到从公司离开后，意想不到的机会、贵人、财富、资源不断向我涌来。我越发清晰自己要什么，不会被外界干扰，也不会被诱惑。我猛然觉知到"生命的流动"，有一种神圣之光出现在天边，好像这束光专为我而打……

又遇到作家齐帆齐，不同编辑找到我，签约两本书，其中一本电子版已上架。经由文友们高频反馈，我又参与设计了一本书，也作为美好礼物送给自己……

我成了写作能量学探索者，带着全新理念重归写作，人生只为这一件大事而来。在众多文友反馈和推动下，共创了一门向内扎根课，首发上市招募魔力共建者……

我越来越平和了，全然相信＋给予注意力＋躬身入局。我讲的课，说的话，以及此刻你正看的视频，都处于心流状态，自然流淌。感恩，已与我的生命相连。

她这篇文案的篇幅更长，内容比较丰富，她把从小到大，以及影响她的人都写了进去，还有她是如何通过读书、写作走出了轻度抑郁，配上不同时期的相关照片，一个女孩的成长轨迹全展示在这个视频当中。

茉莉这个短视频的文案思路被很多人拿来当案例教材模仿参考。

她用的是"英雄之旅"的结构模型，如何穿越一次次人生中的黑暗时刻，配乐也是李宇春的《和你一样》。

"英雄之旅"是情节点和人物发展的典范：当英雄穿越世界时，他们将在旅程的每个阶段经历内在和外在的转变。

"英雄之旅"结构模型的 12 个步骤如下：

①普通世界。

②冒险的召唤。

③拒绝召唤。

④遇见导师。

⑤跨越第一道门槛。

⑥测试、盟友、敌人。

⑦通往最深处的洞穴。

⑧考验。

⑨奖励。

⑩回头路。

⑪复活。

⑫带着灵药归来。

这12个步骤，我们也可遵循它来写故事型的视频文案，中间内容是如何打怪升级，历经考验，然后蜕变，有前后对比和反转。用在个人故事类视频文案上，也就是突出主人公是如何披荆斩棘、跨越沼泽、突破自身困境，活出新我的转变历程。

2.读书类短视频文案

分享书籍的视频文案的写法一般介绍书的精华，为书写种草文案带货。

这类视频文案要提前了解该书，介绍这本书的亮点，让人看到视频后，就会对你介绍的这本书产生兴趣，甚至下单，这才是一个带书文案和视频的重要性，也是好文案的魅力，好的带货文案就是坐在键盘后的优秀销售员。

比如我的视频号发过一个带货文案，是关于《富兰克林传记》这本书的。

文案标题：美国百元钞票上的图像人物——富兰克林

文案内容：

美国的百元钞票的肖像不是林肯不是华盛顿，而是本杰明·富兰克林。

这本《富兰克林自传》是美国迄今为止拥有读者数量最多的自传之一，不管是以自传角度还是以美国思想的角度，它都具有划时代的意义。这是一本历经200余年而不衰的励志奇书，它改变了无数人的命运，贯彻自我教育，贯彻自我完善，贯彻自我奋斗。富兰克林在文学、科学、政治方面都有卓越的贡献，可以说是一个百科全书式的人物。

美国第一任总统乔治·华盛顿曾这样评价道，我这一辈子最佩服的人只有本杰明·富兰克林。

美国第三任总统托马斯·杰评价道，富兰克林出生的时候比我们中最穷的人还穷。但是他却有不以贫困为耻的勇气，这种勇气使他成为所处的时代和国家中最伟大最出色的人。我们一起来看看这位伟人的一生吧！

这样的一篇书籍分享视频文案就很容易吸引人们的好奇。富兰克林本身的传奇性，加上历届总统的高度评价，以及他能出现在美国的百元钞票上……

这一切会让用户对富兰克林和他的一生产生强烈的兴趣。如果视频流量不错，对于粉丝多的博主而言，一个好的带货文案就能带来可观的销售业绩。我这个视频的流量有1万多，顺便带了些货。

文案标题：人生为何不快乐，只因未读苏东坡

文案内容：

苏东坡是中国文化史上罕见的全才，在诗、文、书、画等方面都成就不俗。如此天才却一生颠沛流离，但是他却能超越个体的悲哀，活得既超脱现实，又有烟火气。这种旷达的态度指引着我们获得自身的快乐之道。

相信大家都读过林语堂所写的《苏东坡传》，但是李一斌所写的《苏东坡新传》更值得一读。本书以苏东坡诗词、东坡文集、后人笔记等百种资料，以扎实的考证和热情的笔触，呈现出一个更加真实立体的东坡形象，作家张辉成这样评价道，一斌所写的新传，不像林语堂看到的是天才横溢、横空出世的东坡，一斌笔下的东波是狱中狼狈不堪至极的东坡，是虎口余生的东坡，是从苦闷走向旷达自在的东坡，是拥有坚强意志和

生命韧性的东坡。

这是我的另一篇带书视频文案。首先标题就非常吸引人，现在社会上每个人都活得很焦虑，苏东坡几乎无人不爱，尤其是他面对困境乐观的人生态度，但是我想推荐受出版社所托的李一斌出版的《苏东坡新传》，那文案就要突出这本书的不同之处，毕竟写苏东坡的人太多，我就在文案中强调这本书写出的苏东坡的另一面，引起用户的好奇心，从而增加转化成交率。

一篇优秀文案的魅力在于让用户有兴趣打开你的视频，每一句话都迎合用户的心思，让用户跟着你的文案内容走进去，看完整个视频，进而实现阅读量增长，提高完播率、转发率、互动率、成交率。

每个视频发布三四天后，从后台数据可以复盘哪里做得不够好，以及可以再完善的地方。如果完播率很低，证明你的内容没有吸引人全部看完，打开就退出了，可能是文案不够紧凑，内容冗长枯燥，缺少吸引力。

3. 生活 vlog 短视频文案

所谓 vlog 就是生活日记，视频版的生活日常记录，但也不能真的只是记流水账。vlog 视频文案要让用户看后有所收获，也就是获得感。在这个快节奏的社会，用户凭什么要为你停留一两分钟来看你的视频？若都没有打开视频观看，又如何能增加你账号的粉丝数，从而实现用视频打造个人品牌，扩大影响力，进而产生商业变现？

下面分享我闺蜜一紫的生活 vlog 视频文案。

文案标题：我月入 5 万元＋背后的 5 点走心干货分享

文案内容：

我发工资了，上个月收入5万多元，我有信心还会突破的，我存了3万元，剩下的用作给父亲买个手机，我自己换个电脑，家里的生活费。这是我边工作边带娃的第七年，也是我爆发式成长的一年。有人问我有什么经验分享，我觉得有以下几点想分享：

①打破认知，钱不是靠勤劳挣来的，而是取决于你解决问题的能力，你有没有一项精湛的技能？深耕了五年以上，你可以用这项技能帮别人解决痛点，而钱就是解决问题的回报。比如我深耕写作8年，我能写别人写不了的稿子，所以单篇商稿稿费这月涨到了2600元。

再比如你能帮别人解决健身的难题或者不会化妆的痛点，你能帮别人解决痛点的能力越强，就越能赚到钱，说简单点，也就是利他思维，你有没有这样一项技能。

如果没有，就从现在开始去进修。

②我们普通人，一定要去离钱最近的地方，比如当下，我们就不能固守于当下，而应该在互联网里探索，选择适合你的平台去深耕。

③挖掘你的动力支撑，像一根橼撑起你的勃勃野心！就像对我来说，既赚钱又带娃很辛苦，但孩子和父母就是我的动力之撑，他们常给我壮阔如海的力量！我为能给爸爸买手机，能自由支配时间给孩子过生日，给妈妈过节而感动开心，这种动力和信念感非常强大，希望你也能找到它。

④制订目标和计划，不断鞭策自己！其实写作是很枯燥和孤独的，每当我不想写时，我就会写一张便签，收入目标、当

天要完成的工作计划等。

⑤克服偷感,这是普通人赚钱最重要的一点。比如很多人看到别人做博主很赚钱,很羡慕想跃跃欲试,但又怕这怕那,不敢大大方方表现自己,这种偷偷摸摸想做事,又止于或耻于行动的感觉,就叫作偷感。如果你想赚钱,就请公开写作,公开拍视频,坦坦荡荡展示你的才能与价值;如果你想做一件事情,就从今天开始去执行。做一个行动派,然后深耕下去。要相信反复坚持之后,柔水终成雕刀!

一紫这篇视频文案就是用了吸引大众感兴趣的赚钱标题:我月入5万元+背后的5点走心干货分享。

我们来看看这篇文案,首先标题就自带流量,谈赚钱,带阿拉伯数字,又是走心干货,这一连串就是多重吸引力的爆点,哪个人会对赚钱话题无感呢?

这就符合了文案的几个重要组合逻辑:设置悬念、引发好奇、引发共鸣、干货分享、引起互动、联系热点。

一紫这篇文案里有几个流量热词。月入5万元,对网络上有经验的自媒体博主而言这收入并不太高,但对于传统线下上班族这算是高收入了,甚至是小镇上普通上班族一年的收入。这就是设置悬念,引发别人好奇,吸引了用户在视频的目光停留。文案内容中的赚了5万元存了3万元会非常有看头,大众就算看了内心很焦虑但还是非常想看。她又提到给父亲送部手机,刚好是在父亲节边上,这是引发大众共鸣,在观看视频中就有情绪共鸣。另外,这文案中还提到了自己是宝妈,一边带孩子一边赚钱,这都是当下热点词汇,再次吸引类似群体的思想共鸣。再加上后面走心的实在干货,让观众能够感受到真诚和热情，内容为王的时代只有凭借价值感的内容才能吸引用户。

一紫视频中的配图是自己的日常生活场景，有开车的场景，和父母家人一起吃饭的场景，有她在读书和电脑前写作和做事的等场景。这样看起来很有生活味，人间烟火气，又有作者本人的多次出现，加深了用户对她的印象，也就是她的个人IP属性极强，为后面带货做了很好的铺垫。

整篇文案读下来，环环相扣，用户的观看时长、转发率都很不错，她这个视频总体达到了10万+的观看量，随即持续开直播承接流量，几场下来，每场均有数千元的GMV数据。

Day 16

本节介绍了"十年体短视频文案""读书类短视频文案""生活vlog短视频文案"的特点，并通过案例拆解了各种文案的底层逻辑和写作方法。

第 17 天　玩转社群发售，文案先行

不知道你有没有收到过这样的微信："假如有……融合了××多年经验，现在毫无保留附赠……同时还邀请了 5 位单场成交破百万的大咖来……还准备了各种绝密资料＋实体书籍……你还有 3 倍机会赚回，你想不想……要不要……点击下方链接马上参与！"

然后每隔几天，又会收到同类型的信息，就像连载一样，让你不得不关注这件事，甚至最后你加入了他的社群、购买他的产品 / 服务等。这就是现在比较常见的社群发售，是一种通过社交媒体或在线社区进行的产品或服务的销售策略。

对于这种发售方式，很多自媒体创业者乃至行业类大咖都在使用。其实，对于社群发售来说，文案从头到尾一直紧随左右。它的文案具有连载性、紧迫性、多渠道性特点。

如何在社群发售中巧妙运用文案呢？我们先来了解下社群发售一般都有哪些关键节点。

在准备社群发售文案前，要先搞清楚社群发售的目的和定位。这里就包括社群发售的实际销售目标、社群发售产品 /

服务特点、目标受众,只有先明确这些,才能为本次的社群发售确定发售主题,也就是营销主题。譬如,某某大咖借助自己的生日,做生日答谢直播盛会,还有做周年庆、新品发布会等。

有了主题文案后,就需要梳理接下来要做的社群发售流程,包括发售形式、发售步骤、发售产品、发售内容(故事与干货)、助力嘉宾、发售收官等。只有把每个发售节点梳理清晰后,才能根据不同时段提前准备文案。

以发售形式和发售步骤为例,譬如要做一场写作课程5周年的庆典活动,确定的形式为社群+直播+收官+一对一成交。在此基础上,明确每一个步骤。

较为关键的一步是建立社群,如何建立社群,人从哪里来,需要什么样的文案,这是需要提前准备好的。私聊一对一邀约、群发邀约、社群内邀约、其他平台引流邀约等。

私聊、群发、社群邀约要注意,发送给对方的信息不要超过手机一屏,要让对方刚好能看到完整的信息。微信上群发文字上限为600字符,但一屏信息加上排版空格的话,一般在300字左右。

在思考以上几类文案时,要考虑发送对象、发送时间、发送内容编辑,就像多年前流行短信消息推送一样。如果是一对一私聊的,可以直接称呼对方名称(拉近距离,让人知道你不是群发,而是用心单独发的),再肯定对方(可以通过对方发布的朋友圈去了解),再顺其自然聊起话题,切入你想要达到的目的。

总结就是:称呼对方+肯定对方+插入对方感兴趣的话题+

切入最终目的。

如果是群发或者社群发送的话,文案尽量用第二人称"你"。文案中要包含:问候、挑起共有痛点、他人结果论证、本次产品/服务的权威背书及价值、可获得福利、参与方式等。另外,如果配有相关产品的海报图的话,文案要结合海报进行创作。

关于其他平台引流,则意味着要将本次发售活动进行提前宣传,这里涉及不同平台不同文案的写法。如公众号,可以是发售信或者是个人品牌故事的长文营销;视频号,可以结合发售活动发布相关连载短视频,在评论区发布发售预告文案＋联系方式;小红书,可参考视频号方式同步内容,但需注意文案写作的字数及平台要求。

当有用户通过以上平台进行联系时,一定要提前设置好自动回复文案,引导用户添加企业微信,以便邀请进群。关于回复文案注意字数不宜过长,重点在于亲切,能引导用户继续联系。

这是关于第一步建立社群的基本邀请文案,但是建立社群是一个长期持续的动作,一般在正式发售前几天开始,一直持续到发售结束。所以在私发、群发、社群内发引导邀请文案时,一定要注意根据发售进度和发售策略等调整文案,如没有正式发售前以预告的形式邀请,发售中以分享的干货或故事或邀请嘉宾为噱头进行文案创作,发售后要结合发售喜报、优惠再放开、发售调整策略等进行。

关于发售产品,这个环节是从始至终贯穿整个流程的。因为社群发售的对象就是发售产品。那么关于发售产品的文案该如何进行创作呢？首先就是要了解产品的属性、特色、卖点。

以我的年度写作课程为例。我的课程涵盖了新媒体写作、故事力写作、书评影评写作、商业文案写作、写书私房课、公众号运营、小红书运营、网络轻创业变现、早起打卡共读等13项权益。针对的人群为没有写作基础又想通过写作实现变现、想实现出书梦却没有途径、想做轻创业但没有领路人、想在自媒体领域扩大影响力但又不会运作的4类人群。

我能给到用户的七大专享权益（全部针对用户痛点），全方位覆盖，帮助用户通过写作达成所愿。而我的定价也是低于市面同行业水平的。在清楚我年度写作课程的内容和特点后，我写出了一篇公众号软文进行分享，同时也写了好几条短文案。

××课程又来啦！这一次在往期课程的基础上迭代升级，一样的价格，更多的超值服务！一天1杯奶茶的价格，就可享受全年365天的写作陪伴式服务，让你从写作小白变写作大咖，开启轻创业变现之路！

又到年底了，这一年你收获了什么？工作还好吗？生活还顺心吗？你想要的都实现了吗？如果你的答案是否定的，那请你一定要往下看！你是不是曾经也怀揣文字梦，是不是也渴望能做着自己喜欢的事，还能有收入，重要的是能实现自我价值？那么××课程你一定不能错过，××老师曾经比现在的你更惨，苦苦在社会底层挣扎，最终靠写作逆袭人生！现在她把自己多年积攒的写作技巧及资源以课程的形式呈现，只想正在走弯路或是迷茫的你能看到，靠近她，让你的写作不遥远，让你的自由不是梦想！

报过无数次写作课程，但最后发现学会后也无用武之地，仅仅只是在愉悦自己，却得不到任何回应！不想再被割韭菜，就想能提高写作力的同时，也能像那些大咖们一样通过文字变现！无意中看到了这个年度写作课程，一开始我是怀疑的，但是看到她发出的那些学员作品，大多都是我见过的，这让我非常惊讶！当我尝试了解后，我才知道这个年度课程不只是简单学，而是学过后会有输出渠道推荐，关键是这些渠道都是有偿的！我看到了希望，向一个认识的文友打听后，果断加入！没想到加入不到2个月，我就被签约了，真正实现了写作变现第一桶金！如果你也和我一样，千万别犹豫，闭眼入！

以上朋友圈文案仅作为不同途径的日常分享，与社群发售还是不一样的。社群发售时，发售的产品文案是一定要结合社群发售这个大事件展开的。譬如说社群发售时的优惠力度、社群发售时的发售氛围，只有把这两个元素加入其中，才会让用户感受到本次社群发售的实惠性、紧迫性。

如果说发售形式、发售步骤、发售产品是前奏，那么发售内容就是整个社群发售的核心所在。我曾参与过某位大咖百万级的社群发售文案工作，从筹备到结束，从台前到幕后，从文案到销售，无一不是紧紧衔接。衔接的重点就是发售内容，让发售内容能丝滑融入其中的则是文案。

前面提到发售内容是以故事和干货为主，也是围绕发售产品服务的。如何讲好故事和干货，这是身为IP主要做好的事情，当然如果你拥有一个完整的团队，这些也可以交给文案组进行。在这里，我不过多介绍如何讲故事和干货，我会展开讲讲文案是如何为发售内容服务的。

做社群发售，一般要先把社群搭建起来。我们前面也讲了社群搭建时的文案服务，那么，有了社群后就马上开始发售内容。如常见的在社群进行连续5场公开公益课程分享。重点来了，这里要进行文案创作，也跟前面提到的社群建立文案邀请有关，只是渠道不再局限于只是私聊、群发等。

以通过朋友圈分享为例，该阶段围绕发售内容的文案为：公益课程卖点预告（价值）、公益课程分享人介绍（权威性）、公益课程开课倒计时（紧迫性）、公益课程分享中金句（痛点）、公益课程内容复盘（产品诱惑）、公益课程社群内互动好评（佐证）、发售产品成交量（产品销量）。

以上7种不同类型的朋友圈文案在朋友圈文案部分有详细介绍。同样地，完成了正式发售前的社群分享后，即进入IP主的产品发售环节。前面的建立社群、社群公开分享的目的就是加人、留人。当然，有时会在社群分享这个环节里提前露出发售产品预告，譬如预订等，如果有这个环节，那相应地也需要配套发售产品预订文案。

关于IP主的产品发售也是发售内容的核心，一般采取直播、腾讯会议形式进行，会邀请嘉宾助力。在这里同样分两种方式，一种是连续多少小时以上的发售，另一种是连续多少天以上的发售。

怎么区分呢？前者就是类似直播大事件，譬如我曾参与过一场连续12小时的直播文案宣传，就是在这12小时内，IP主一直保持在线状态，按照之前的部署，每隔半小时分别与不同的大咖连麦。而连续多少天以上的发售，一般持续5～7天，固定在每天的黄金时段进行,一般每天的嘉宾维持在2～3名,周期较长。

不管是采取哪一种,此时的文案必须具备时效性,文案的创作也必须紧扣IP主及连麦嘉宾的发售内容。同时,要兼顾社群内互动反响、直播间评论、相关数据(报喜)、发售产品的卖点。这时创作的文案不仅要能直接在社群分享,也能在朋友圈发布,包括转发社群、群发、私发等途径都能适用,甚至还能即时创作社群发售中的短视频文案,通过视频进行传播。

总而言之,此阶段的文案创作具有需求量大、时效性强、文案宣发渠道多的特点。一般而言,做大型社群发售也会对文案进行具体分工,如专门负责直播间(金句、销售数据、场观数据等)文案、社群内互动(直播转发、晒单、晒好评等)、社群发售活动(产品、IP主、产品与IP主等)。

当然,为了更好地为社群发售服务,千万别忘了我们的助力嘉宾。关于助力嘉宾,需要提前安排海报,文案也可根据海报提前宣发。这时候的文案创作重点放在嘉宾上,也就是权威佐证。通过介绍嘉宾的形式为本次发售的产品造势,所以一定需要提前搜集嘉宾相关资料。嘉宾分享文案写得好,自然也会引起嘉宾粉丝的拥趸。

在IP主与嘉宾连麦分享的过程中,也不要忘了以嘉宾为切入点进行文案创作。譬如嘉宾对于IP主或IP主的产品给予什么样的评价,一定要在原话的基础上进行文案分享创作。另外,也可以致谢的形式感谢嘉宾进行文案创作。

最后,还有一个发售收官环节,就像天猫双十一返场一样。这时候的文案要突出是返场福利的赠送,让人有一种错过后又失而复得的感觉。通过文案提供给潜在用户最后一次机会，帮助其下决心，赶紧下单。所以，此时的文案创作要具有紧迫性、关联性、有愿景、有保障的特点。

紧迫就是让对方感到时间不多了，错过再也没有的感觉。譬如"首发价3980元倒计时6小时，过后即恢复原价13980元""最后开放30个名额仅剩5个，点击链接赶紧加入"……

关联就是发售的产品与潜在用户之间是有关联的。譬如说，售卖的是写作课程，你刚好也是写作爱好者，你想在提升写作技能的同时也快速实现写作变现。那这个关联点就是产品的卖点与你的痛点，即卖点能解决你的痛点。

写作这么久，一直都是自己写却无人看，更别说通过文字变现！现在，加入××年度写作课程，××老师365天深度陪伴写作，同时还为你推荐写作变现渠道，让你10倍以上赚回学费！

有愿景，可以说是产品的蓝图，也是潜在用户的蓝图。如某个健身课程：

想象一下，当你身着比基尼，轻盈地走在沙滩上时，周围的人都朝你看过来，这一刻，他们不再是嫌弃的眼神，而是像欣赏美好的事物，因为瘦下来的你就像一道光，无论走在哪都聚光！

有保障，也就是我们常见的售后保障服务。如：

1个月学不会，全额返还学费。

15天瘦5斤，瘦后无反弹，如有则全额退款。

另外，上述提到的第二种发售即连续发售多少天以上的，需要注意的是每场发售之间不能冷场。所以必须在每场发售之间继续保持文案轰炸，这个环节主要在社群、朋友圈进行。

文案创作内容建议以前一场发售复盘、下一场发售预告、发售反响（发售喜报、用户好评、嘉宾肯定）为主。在这个阶段的文案宣发一定要频繁，要有互动性，其目的就是让人知道活动没结束，优惠继续，而且发售情况是越售越好。

以上这些主要是通过社群、朋友圈、群发等传播，其中公众号软文也不能忽略。公众号软文如何写，把握时间节点，如社群内公益课程分享前、分享后，IP主发售前做了些什么（主打真诚）、IP主的发售故事、IP主发售后的复盘。因为有些文案要以长文案的形式进行创作传播，所以公众号特别是IP主的公众号是不可缺少的环节。

就拿我曾经参与过的一个社群发售来说，社群发售需要连麦12位嘉宾，除了海报、视频、短文案外，我进行了一篇公众号软文创作。这篇软文主要是介绍12位嘉宾以及本次活动的主要内容，文中配以嘉宾图片、产品图片、短视频，公众发出后，得到12位嘉宾的全部转发，同时也为社群发售提前预约直播打下坚实基础。我也因这篇软文与社群发售的IP主直接达成合作关系，为我后续文案创作提供了不少变现渠道和资源。

总而言之，社群发售的文案是与各个环节紧密相扣的，也是灵活变动的。涉及朋友圈、社群、私聊、公众号等，每个渠道的文案都有各自的特点，但都一定离不开社群发售这个大主题。

Day 17

　　社群文案发售的3个特点为连载性、紧迫性、多渠道性。社群发售前的准备工作包括明确定位、目标、产品/服务特点，发售（营销）主题。社群发售的关键节点包括发售形式、发售步骤、发售产品、发售内容（故事与干货）、助力嘉宾、发售收官。在社群发售的不同节点需要进行的相关文案工作，如在发售形式和发售步骤中的社群邀约进群文案，要根据发售进度及发售策略等调整。文案如何为发售内容提供服务，以通过朋友圈分享为例，该阶段围绕发售内容的文案有7种形式：公益课程卖点预告（价值）、公益课程分享人介绍（权威性）、公益课程开课倒计时（紧迫性）、公益课程分享中金句（痛点）、公益课程内容复盘（产品诱惑）、公益课程社群内互动好评（佐证）、发售产品成交量（产品销量）。发售内容阶段的文案特点为需求量大、时效性强、文案宣发渠道多。发售内容阶段对文案分工更细致、更精准，如邀请助力嘉宾宣传文案、直播间互动分享文案、社群内互动文案、社群发售产品文案等。社群发售期间以文案轰炸进行，同时结合多渠道多方式进行文案宣发。社群发售期间的文案不能脱离发售主题。

第18天　个人品牌故事，隐形的流量密码

好的文案具有故事性，而故事更有人情味，更能促进转化。数字化时代的发展，给每一个人都带来了发展个体、成就品牌的机会，想在众多个体创造者中脱颖而出，一篇讲述个人品牌故事的文案，会为你持续带来流量。

从前是先团队再个人，现在是先个人再团队。个人品牌故事就像是你的流动名片，随时分享随时转发随时转化。我们之所以需要个人品牌故事，是因为可以和潜在客户快速建立信任关系、提高自身影响力，并为自己的未来规划和发展打下坚实的基础。同时，个人品牌故事还能起到积极引导传播的作用，激励他人去追求自己的梦想和目标。

个人品牌故事是什么？

字面意思理解，就是一个人自己的品牌成就之路。这里包含他的个人成长，也有他和自己品牌的一路成长。如果要再对个人品牌故事做进一步说明，也就是一个人对自己的定位和价值的表达方式，它可以帮助我们更好地了解其独特性、价值观和目标，并在职场和生活中取得更大的成功。譬如说，一个通

过底层摸爬滚打起来的创业者，讲自己没创业之前是怎样的，又是通过什么契机开始创业，创业过程中发生过什么，在创业过程中是如何保持初心又不断迭代自己，成就品牌的……是不是会让你对这个创业者的印象加深？先认可他的人再认可他的品牌，从而有了深刻的品牌印象。

个人品牌故事结构一般有两种形式，即"英雄之旅"结构和"倒金字塔"结构。

1."英雄之旅"结构

"英雄之旅"是来自美国著名神学家约瑟夫·坎贝尔在他的著作《千面英雄》中提出的英雄成长模型，他把英雄之旅分为三大阶段：启程、启蒙和归来，到了2007年，编剧克里斯托弗·沃格勒在此基础上又扩展为12个阶段，在好莱坞电影中盛行一时。普通世界、冒险召唤、拒绝召唤、遇见导师、跨越第一道门槛、测试/盟友/敌人、通往最深处的洞穴、考验、奖励、回头路、复活、带着灵药归来。

"英雄之旅"结构用到个人品牌故事的写作上，我把它归为开局：普通、契机；上升：努力（向上抓住、向下奋起反抗）、阻碍；高潮：结果、意外、转折；结尾：胜利、展望。

以写我个人品牌故事为例，标题为"月入2000初中肄业的打工小妹是如何成为月入过万的写作大咖"。

开局：

在只听得见机器轰鸣声的狭小车间内，几十位女工身着蓝色工装，伏案于流水线的工位上，双手正麻利地一上一下往运输带上递拿产品。齐帆齐正是其中的一员，为了能多赚点工资好寄回去给家里正在求学的妹妹们，她已经连续加班一个星期了。但一想到妈妈能少辛苦些,她的嘴角就不自觉往上扬,脸上流淌下来的汗水也未察觉。

好不容易等到下班,同行的小姐妹们邀她一起去吃夜宵,她只是摇了摇头,一个人走向厂门口一边的小摊前,买了碗炒米粉,转身又钻入城中村的巷子深处。她记得在前面不远的自建房楼下有个卖书的小摊,她发现这里比书店的书便宜多了,她偶尔借着要买的名义,驻足看好久。有时久到老板过来问她要不要买,她只好抠出一张10元的纸币,买上3本书,紧紧抱着回到宿舍去,每天晚上欢欢喜喜地枕着书入睡。

这是10多年前的齐帆齐,一个刚从农村来到大城市里打工的女孩,工资由学徒工资涨到每月2000元,已经是让她开心不已。这是她第一次能拿到的高工资,她以为这就是她人生中的最好时刻了。

这是一种场景式引入写法,通过打造某个素材片段,制造出场景,让用户也能感同身受。还有一种是直接引用金句点题。

《人民日报》上曾有一句经典:每一个华丽的逆袭都离不开傻傻的坚持,同样深处低谷,为什么人的命运会如此截然不同?最主要的就是坚持——不是顺境中按部就班的坚持,而是那种不为他人质疑而动摇、改变的坚持!

齐帆齐能跨越社会的底层成为月入过万的写作大咖,离不开她在无数个黑夜中对写作的坚持。

这种是开局普通,也就是交代下故事主人公的过往背景,一个相对平凡或舒适的人生经历。

契机,可以是转机也可以是危机。如主人公开局就是苦的，那可以是转机，也就是出现了能让他跳出原来环境的机会。如主人公一开始就是在顺境，生活美满，婚姻幸福，那可以是危机，也就是让过往生活质量下降，人生境遇不顺的事件。

她不知道自己日后会走上写作的道路，在16岁的时候想的最多的是要赚钱，要养活妈妈和两个妹妹。为了赚钱，她做学徒到成为独立的流水线打工妹，后又辗转西安成为卖包子的老板娘，这已是她努力生活的最好结果，她以为可能要这样干一辈子了。结果遇到拆迁，店面又没了。她只好带着孩子回到老家，准备接受现实，重新回到工厂流水线一边打工一边照顾一双儿女。

此时已经长大开始独立工作的小妹，劝她出来上海工作。她接受了小妹的建议，准备去上海继续找个店铺卖包子，但上海的房租远比她想象中的贵，贵到她根本就开不起一个小店面。没办法，她只好重新找工作。

这时候，小妹把她推荐到一位老乡的互联网公司工作，这是她做梦都没想到的，自己有一天居然能像个白领一样坐在电脑前工作。也正是因为她的这份工作，让她开启了人生的逆袭之旅。

遇到这样的契机后主人公会怎么做？当然是抓住机会，努力向前，要么就是对出现的困境发出呐喊，进行抗争。从这里开始进入上升部分，努力—阻碍。

关于努力部分，要注重场景描写，可以是从动作或是环境、对话等细节着手。切忌不要直接讲主人公是如何努力如何抗争的，而是要从侧面烘托、调动用户的同理心。

如写流水线工人成为办公室文员，为了能快速适应新的工作岗位，可以这样写：同事们下班离开后，她仍端坐在电脑前，她从一个一个字母点击开始。每天下班后就是这样，一个人苦练打字到能在键盘上发出噼里啪啦的敲击声。第二天早上，她又是第一个到达办公室坐在电脑前，仿佛一夜都没离开过。

有了努力之后一定会是要向上发展的，但发展不是做直梯，而是螺旋式上升的，在这个上升过程中一定会遇到阻碍。

她如愿进入这家互联网公司做营销，其实工作内容就是电话销售。但相比同事来说，她大龄而且业务操作不熟练，别人一小时能打出几十个电话，而她在每打通一个电话前，都要在心底酝酿好久。她有些手足无措，这在她过往的工作经历中是从没有过的体验。

她想到了小妹的介绍，以及对老乡主管的信誓旦旦，她不想就这么认输，这份能在写字楼的工作，实在太让她喜欢了。但是，摆在眼前的问题是她只有3个月时间，如果3个月内不能适应就得离开。

以上这段话中体现的阻碍是来自外界的，不具备某方面的技能，与他人之间差距太大。还有一种阻碍是来自自己，譬如产后抑郁、自我否定和自卑等。像这些在描写时，不能只是表达情感，更要通过事件表现出来。

如写产后抑郁：

她终于重新回到职场，但是每天她都需要背奶，一到那个点儿她就不得不冲到厕所去，完全不能像以前一样忘我工作。

回到家后，面对一天未见的宝宝，她更多的是感到疲惫，甚至一刻也不想面对宝宝。但是，下班后的时间是不属于她的，她从婆婆手中接过宝宝，她只感觉自己就是一个养育孩子的机器。到了晚上夜深人静的时候，宝宝又哭闹不止，而她又困又累，最后终于是顾不上孩子的哭闹，一个人放声大哭。

关于阻碍怎么写，就像是一篇文章中的拐点。着重场景描写，把用户代入其中，也就是怎么痛怎么难怎么来，让用户觉察到你的艰难。

阻碍这部分完成后，自然会有一个结果出现，也就是你在第一阶段取得的成果。结果无非两种，一种是好的，另一种是不好的。结果怎么写，根据你自己的成长发展来定。

面对结果，可能又会出现意外。这里的意外分为两种，好的意外和不好的意外。那么结果加意外就会出现四种组合。

好结果＋好意外

好结果＋坏意外

坏结果＋坏意外

坏结果＋好意外

一般在个人品牌故事中运用较多的是后三种。好结果＋坏意外是一重打击，坏结果＋坏意外是双重打击，坏结果＋好意外是惊喜出现。但凡有故事性的，都是曲折多、磨难多的，这也是大众更愿意看到的。从心理上来说，有种"受虐"的心态。无论故事还是人生，太过平淡就没有看点，人人都向往美好平静，但也更愿意去追溯过往发展，希望能找到共鸣。

需要注意的是，意外都是外力的作用，不受作者本人控制，但能给作者带来转机。

她通过自学以及"不要脸"式的请教，终于也能像其他同事一样熟练进行电话营销。她也逐渐和同事相处越来越熟络，她们之间建立了微信群，有什么话在群里互相说。这对于她来说，又是新长了见识，从前只会流水线操作、做包子，哪知现在还能把手机玩得这么溜。

这时候她知道了公众号发文章，她想到自己曾写在QQ号上的文章，便想把文章也发到公众号上。但是，她不会弄公众号，幸得在一位同事的帮助下开通了属于她自己的公众号，这又是让她兴奋到一夜睡不着。

通过公众号，仿佛更进一步打开了她新世界的大门。白天她认真工作，晚上就把自己曾写过的文章一字一字搬到公众号，有时甚至直接照搬他人的文章。慢慢地，她收到了很多留言和评论，有人说她文章质朴，有人说她文章真实，也有人说她文章写得好，甚至还有人给她文章打赏！

在这段话中主要是写意外，但这里的意外是有层次的，从学会使用微信到公众号发文获得好评再到收到打赏，看似意外实则必然，因为这都是这位主人公自己努力坚持的结果。

但是，就像这个关联词一样，仍可能会有转折。如果你前面是不好的意外，那么这个转折一定是要往好的方向去发展的转折，是转机。如果你前面是好的意外，那么这个转折一定要是坏的，是到达一个高点后又往下落。

譬如说，有人从职场文员成为全职写作者，再到成为写作导师进行线上授课，结果发现自己文章虽写得好，有多个爆款，但却没什么人愿意报自己的写作课程，让你自己一度怀疑是不是自己的能力还不够。甚至因为要做这个课程，不被老公理解，现在的结果刚好给了老公不支持的理由。

这就是本以为重见光明，哪知又跌入黑暗的写作技巧。那么，前面已经经历了这么多坎坎坷坷了，到这里得要有个结尾了，哪怕是坐过山车也有结束的时候。结尾自然是往好的方向发展，也就是自己步入正轨中，胜利在望。

这部分就可以植入、带出你正在做的事，也就是你目前的定位与标签，让别人知道你一路走过来终成为一个什么样的你，以及你和你的品牌现状。如果说你是做写作培训的，你可以说你自己通过写作取得了哪些成果，然后你又影响了多少人通过写作得到成果，再进一步就是你在目前的基础上又萌生出什么新的想法和愿景，关于你的品牌你会如何去规划。

到此，这篇个人品牌故事也就算以胜利和展望结束。需要注意的是，在文中出现的努力、阻碍、转折等事例素材一定是与你目前拥有的品牌挂钩的。在这些事例素材中，不仅要有你自己的故事发展，也要暗含你个人品牌形成的背景、动机及发展历程。如果没有关联到你的个人品牌发展，那么这篇文章就变成了个人成长故事，无法加深用户对你的个人品牌印象，更别提品牌信任了。

当然，一篇以"英雄之旅"模型为结构的个人品牌故事，不一定要包含以上所有因素，但要记住的是绝不能少了冲突（阻碍、转折、意外）。

2."倒金字塔"结构

另一种个人品牌故事的写作结构是"倒金字塔"结构。与"英雄之旅"相反的是,"倒金字塔"结构把结尾前置,也就是先交代个人目前取得的成果或发展现状。一般结构为:好结果+个人经历+旁人佐证+个人品牌实战案例+个人品牌产品/服务适用人群+个人品牌优势。"倒金字塔"结构的优势在于塔尖直接瞄准个人品牌,重产品/服务、轻个人。这一类型的个人品牌故事适用于在特定环境下为某一类特定产品服务,适合在做营销活动(社群发售)时发出。

(1)好结果

如果你是一位营销文案导师,那么在采用"倒金字塔"结构写的时候,就要先把自己在营销文案领域取得的成果进行前置展示。在这部分建议用书籍论证或是引用他人言论介入,交代清楚自己所取得的成果。

为什么要把好结果罗列出来?其实也是利用人的慕强心理,让用户潜意识中关注、羡慕、好奇、忍不住靠近。

我是从农村出来的90后,30岁不到,担任××总裁,仅凭一张嘴,就把公司的店长培训课做到年营收破亿,我用2年时间带出了30个销讲高手,全国收钱,年营收破8亿元。

看到这段文字是不是就会引起你的好奇心?这个人怎么如此厉害,年纪轻轻就取得如此成果?用好结果吸引用户注意力,引导用户继续往后看。

(2)个人经历

这部分个人经历与"英雄之旅"结构有些相似,但要与带出的产品/服务贴合度更高。一般路径为：人生苦难—努力向上挣扎—无法破局—偶然事件—现实残酷—高人指点—再次实战—取得成功—个人感想。

在这9个节点中，其中的高人指点就是个人品牌形成的契机，也为后文植入的个人品牌产品/服务埋下伏笔。

（3）旁人佐证

承接上文中的个人经历而继续延展，也就是这第一阶段取得的成果：通过自己产品/服务为他人提供帮助而带来的正面反馈。

某博主是全网坐拥500万粉丝的大咖，有一天他找到了我，他说要请教我。这让我既意外又激动。原来，别看这位博主流量好，但转化却很弱，他希望能提高转化力。

在了解了他的现状及未来规划后，我单独给他设计了一套行走的成交体系。而他也很快将这套体系替代了原来的，没想到1个月下来的销售远超过过往的20倍！

这位博主激动地给我发来语音说我直接给他干掉了半年的销售！

（4）个人品牌实战案例

旁人佐证与个人品牌实战案例，很容易被弄混淆。很多人会认为旁人佐证不就是个人品牌的实战案例吗？那你就大错特错了，前面讲过旁人佐证是承接个人经历部分的延展，就是对从个人经历部分露出的早期产品/服务的案例说明，也是从另一方面突出这位主人公的实力与可靠程度。

到个人品牌实战案例环节，是对自己个人品牌不断发展升级后的案例分享。因为是个人品牌故事，所以在文中无论是人还是产品/服务都是动态发展的，与"英雄之旅"结构中提到的故事发展关联个人品牌发展是一个道理。

还是以前面的案例为例。我给特定用户量身定制方案后，就会想到要把这套方案复制出去运用到不同行业中。于是，我就会做一个研发产品/服务的动作，从而有了升级版的产品/服务。那在这部分我就会重点突出不同类型用户在使用我的产品/服务后取得的成果，在这里依然以数据说话为主。

（5）个人品牌产品/服务适用人群

前面已经铺垫了那么多，从个人成果到个人故事经历再到个人品牌发展，已经吊足用户胃口，接下来就要解决用户心中的疑惑。在看的你是不是也适合这个产品呢？就好比这本书是不是人人都适合看呢？

关于适用人群这部分的描写，不建议采取直接罗列式呈现，因为毕竟这是一篇文章，然后才是营销属性的软文。在瞄准的精准用户面前，一定要先做足功课，了解用户需求特点及痛点，为用户提供他需要的买点而不是我产品服务的卖点。在这部分的描写中也可以举简单的例子，譬如说适合宝妈学习的写作，可以这样写：

很多妈妈在成为妈妈之前，都是意气风发的职场女性，但一旦进入家庭成为妈妈后却不得不敛去自己的光芒，成为被高要求的妈妈。结果就是她们成为这个家庭的妈妈，但却忘了做自己。而写作对于妈妈们来说，既无须投入太多，也不是一种从头再来的高成本付出。

当年你能在下班后与朋友聚餐的间隙解决客户的投诉，现在你为什么就不能用哄娃的间隙，随手用语音形式写作，或是与你的孩子一起写亲子日记呢？这些不仅是抒发、疗愈，更是能放到市场上被用户买单的产品。

（6）个人品牌优势

这一部分应该不用过多说明了，你的个人品牌优势是什么？我想你比我更清楚，你想通过这篇文章精准推广自己的哪一类产品/服务，那就聚焦到这一类进行优势描写。切记不要写成空泛的说明文。优势是你的卖点，但也要考虑用户的感受，为用户能通过这篇文章直接转化为你的客户搭好桥梁。

所以，以个人品牌优势收尾，等于直接展示你这篇文章的主要目的，引导用户下单购买你的产品/服务。

对于"倒金字塔"结构的个人品牌故事来说，需要快准狠。

为什么说"倒金字塔"结构要快准狠呢？因为这一类个人品牌故事只适用于某些特定场景，在一定时间内为某一类产品服务。可以说它是围绕自己的营销活动进行的，需要在短时间内取得用户信任、挖掘用户痛点、激活用户买点，再到直接促成交易。

相比前一种"英雄之旅"式个人品牌故事，"倒金字塔"式是通用版的深度自我介绍。可以使用多个场景，不受时间和产品限制，主打的就是突出你的个人品牌，获得用户深度信任，在用户心中留下品牌记忆点。

这两种个人品牌故事的写作方式，我们可以根据自己的情况选择使用。无论是哪一种方式，个人品牌故事都包含了以下五点内容：目标设定、成长经历、职业发展、个人价值观、未来愿景。

我们在着手写个人品牌故事时，应先确定写作结构，再根据以上5个内容搜集筛选素材。写好一篇个人品牌故事，会为你带来源源不断的链接资源。特别是对于自媒体创业者来说，更需要一个好的个人品牌故事来传播。没有什么比故事更吸引人，而个人品牌故事比普通故事多了一丝商业气息，比直接营销又多了人情味。

另外，需要注意的是个人品牌故事与营销策略相关。前文中提到的"倒金字塔"结构就是营销活动中宣传手段的一个小分支，而"英雄之旅"结构则属于常规营销宣传。

在这个人人都能做超级个体的时代，我们需要通过各种手段来吸引用户的注意力和信任，而选择个人品牌故事无疑是一种最优性价比的选择。因为我们都知道用户对产品的信任源于品牌，对品牌的信任源于人。就好比褚橙，之所以销量好、被认可，最关键的是创始人褚时健这个人，是他东山再起种满山橙子树的勇气，打造出了褚橙。

个人品牌故事从营销的角度讲属于故事营销，相比于口号式的营销文案，有故事的文案更深得人心。最关键的是，个人品牌故事可以发到不同平台，无限转发，甚至可以形成短视频的脚本进行拍摄。相比广告的渠道投放来说，真是节约了一大笔营销费用。

总之，能用一篇个人品牌故事解决的营销宣传，坚决不进行广告投放。掌握了这两种个人品牌故事写作的结构，不管你是要将其当作打开社交圈的名片还是打开市场的试金石，统统不在话下。

Day 18

　　个人品牌故事的定义。个人品牌故事写作常见的两种结构为"英雄之旅"结构和"倒金字塔"结构。"英雄之旅"结构为开局：普通、契机；上升：努力（向上抓住、向下奋起反抗）、阻碍；高潮：结果、意外、转折；结尾：胜利、展望。"倒金字塔"结构为好结果＋个人经历＋旁人佐证＋个人品牌实战案例＋个人品牌产品／服务适用人群＋个人品牌优势。两种常见结构分别适用的场景。

第 19 天　电商商品详情页：写买点不写卖点

在前面部分，我们详细介绍过种草文案，但在日常生活中，更常见的还是购物平台的交易。当你在某平台选择购买某种物品时，你会被什么吸引？是商品名称，商品主图，还是商品详情页？

我相信第一眼肯定是图片＋商品名称，其次才是商品详情页。为什么商家都会把重心放在商品详情页上呢？如果说图片＋商品名称是题眼，那么商品详情页则是核心，是影响用户购买决策的主要因素。

其实，商品详情页与种草文案的本质是一样的，只是相对种草文案来说，商品详情页以图片为主，图文结合更直观。商品详情页一般分为活动详情页和常规详情页，像双十一、春节等，一般商品都会冠以活动主题的名义，而常规详情页就是指在没有活动的情况下的一般页面展示。

有人可能会说，商品详情页重在设计，跟文案关系有多大呢？商品详情页的确是以设计为主，但一定是文案先行，没有好的文案搜集整理与构思，就无法呈现出一个好的商品详情页，更别说刺激用户购买了。

根据商品详情页的文案写作结构，我把它归类为4部分。

前奏：官方大促（店内优惠）、关联销售、数据证明、物流。

主题：商品主卖点。

内容：商品基本卖点、痛点与解决方案。

结尾：品牌故事、产品形态（功效、特征、参数、背书、售后等）。

在这4个部分中，主题与内容决定了该商品详情页的风格，也决定了商品详情页的灵魂。而最需要文案创作的也是这一部分。

如何根据商品卖点提炼出商品详情页的主题？这里的主题就是商品营销文案，让人第一眼就被吸引住，并能继续往下浏览。

首先要做的就是搜集产品的卖点，从内部找相关产品资料，从用户好评处找亮点，从竞品处找差异点。在明确产品的卖点后，就要筛选出核心卖点，但光有核心卖点还不够，还要考虑市场、用户等因素，也就是说不能只站在商家的角度去思考这个核心卖点主题，而是要有用户思维，将其转换成用户一看就懂、一看就冲动的语言。

传奇文案写手、"美国最顶尖的文案人"罗伯特·布莱，曾在《文案创作完全手册》中提到：广告的文案要写得像某位顾客的口述，是顾客的亲身见证。

如××护肤品新年礼盒装：

"有龙则灵"信念限定光感礼盒（大字）

焕白不刺激　无惧反黑（小字）

这是它的产品核心卖点主题，接着往下浏览又有一小段文案，是对上面图文部分的进一步解释和感情强化。

踏岁寻仙，有龙则灵

翔龙赐福，万物生灵天地新

雨润新元，曜白仙姿迎春来

××推出"有龙则灵"信念限定礼盒

以强大温柔之力

守护中国肌肤之白

愿你无惧黯淡，自信发光

愿你岁岁欢愉，事事顺意

这段文案是结合新年这个营销节日点展开的。在主题这部分主打的就是产品核心卖点＋新年，文案形式为：大标题＋小标题＋小字。不过，不是所有的商品详情页的主题部分都是这个结构，一般只以大标题或大标题＋小标题形式出现。

××茶莫兰迪24罐拼装礼盒：

四种风味不挑人，让待客之道更周到（大字）

4茶拼装|冲泡方便|待客茶礼（小字）

从以上案例中可以看出，主题都是在主打核心卖点，而且是大标题一句话点明，简洁直观。

接着主题之下的是内容，主要有商品基本卖点、用户痛点与解决方案（优势）。

××光感焕白套装卖点：

焕白不刺激，无惧反黑

用户面临哪些问题？肌肤黄黑问题不断，不能一次解决。

××推出的这个套装产品内就有能针对性解决这类肌肤问题的产品。在该商品详情页中,告诉用户早上需要用什么,晚上又需要用什么护肤。然后用了这样一句文案:

构筑"捕黑网",打造进阶光感白

这句话中的"捕黑网"让人产生联想,随即就能明白这个产品的功效有多强大。而紧随其后出现的"进阶"一词正是网络热词,通俗易懂,清楚了产品的卖点,不只是防黑,还要从源头上杜绝黑。

在这个卖点的描写中,并不是简单写卖点,而是站在用户维度为用户解决痛点,为潜在用户提供购买理由(买点)。

云鲸J4扫地机器人的核心卖点,直接以购买的八大理由形式展开(表4),告诉用户你为什么要买它。对于用户来说,选择某款产品的过程实则是自我说服购买的过程。云鲸J4扫地机器人将卖点以理由(痛点)+解决方案(场景)的形式呈现,瞬间俘获用户的心。

表4 云鲸J4扫地机器人的卖点分析

购买理由(产品优势)	产品功能	产品文案
毛发缠绕率0%	气旋导流式零缠绕滚刷,轻松免维护	懂得清洁自己的机器人才能清洁好你的家
基站垃圾零残留	云鲸首创健康集尘系统30天省心免维护	云鲸健康集尘系统30天安心免倒垃圾
智能复洗,洗净为止	智能脏污感应系统	智能拖布脏污感应,拖布洗得真干净

续表

购买理由（产品优势）	产品功能	产品文案
除菌率高达 99.99%	全链路抗菌抑菌设计	全链路抗菌抑菌，守护家庭健康
垃圾瞬吸去除率 99%	7800Pa 飓风吸力	吸力天花板，瞬吸垃圾，一尘不留
强力擦除 3 天顽固污渍	高旋动态加压拖地	顶配拖地专家，强力擦除 3 天顽固污渍
IPS4.0 鲸灵感知系统	毫米级精准避障，灵活穿梭	IPS4.0 鲸灵感知系统，更懂你的家庭环境
鲸灵托管 2.0	适配百万家庭的清洁方案，彻底省心	鲸灵托管 2.0 更懂你的清洁行为

它的核心卖点则采取了解决痛点的方式呈现。

智能沿边扭一扭，边角清洁没烦恼。

有地毯，也能保持洁净干爽。

懂洁癖星人的高全能智慧基站，会自己思考的基站。

方方面面够省心，更懂你的清洁机器人。

基站按键操作，对家人更友好的基站设计——App 操作太复杂，担心家人不会操作？

当你看到这里时，这款扫地机器人是不是涵盖了你想要的功能？你担心的你需要的，你想要购买它的理由（买点），以直观的语言告诉你，让你再也无法拒绝。这就是将产品卖点巧妙融合到买点之中，不是我有什么要让你知道，而是你需要什么我给你什么。

相对来说，这种智能新型家电产品因为有太多专业术语，用户一般是难以理解的。好的文案有助于提升用户对产品的认知，而一句话形式的表达，简单清晰，更有助于记忆。

到了这里，商品详情页基本接近尾声，在最后部分可以呈现的有品牌故事、产品形态。像护肤品、服装等品类一般会讲自己的研发故事、产品来源（灵感）、产品研发过程等，通过一个小故事加深与用户之间的情感连接。

产品形态一般包括功效、特征、参数、背书、售后等，当然并非全部要呈现在结尾部分，而是商家根据自身需求决定具体呈现哪些内容。这部分对于文案的要求不会太高，无须太多的语言转换，主要是对产品和服务做补充说明，但需要注意的是避免出现错别字。因为在这部分大多都是数据或说明细则的文字，如果出现失误则跟产品和服务差之千里。

但是，在有些商品详情页中会将产品的某些形态前置到开头部分，如背书、参数、售后物流等。无论是哪种，都只是结构上的略微调整，重要内容还是在中间部分，就像是文章的高潮部分一样。

以上就是电商产品详情页关于文案的结构与思路。从中我们能发现，详情页看似复杂，但文案一样以简洁为主，根据不同部分的需要运用不同的文案语言。而商品详情页的文案写作技巧和其他文案写作并没有什么区别，需要重点注意的是电商商品详情页不是罗列卖点，而是重在写买点，用户关心什么需要什么，就把卖点以买点形式呈现。

Day 19

　　商品详情页的文案写作结构分为前奏、主题、内容、结尾4个部分,其中主题与内容决定详情页风格,也是文案创作的关键所在。根据商品卖点提炼商品详情页主题。通过分析案例说明内容部分如何进行文案创作。

第20天　一句价值千万的个人品牌广告语

很多人不知道，除了商家品牌外，个人也是可以创建属于自己的个人品牌广告语的。在自媒体时代出现以前，一般对于品牌广告语的需求都集中在品牌商家方，但随着自媒体越来越盛行，人们对于品牌的意识越来越高，想要他人认可自己的产品或服务，就要先建立对自己个人的认可。把自己当作品牌来打造，相对产品/服务来说更有温度。所以，品牌广告语的运用也从品牌方向个人传播，个人品牌广告语由此应运而生。

个人品牌广告语就像是一句话式的自我介绍，让你能在众多人群中脱颖而出。做减肥产品的需要一句话广告，做健身的、做心理咨询的、做家庭教育的……他们都需要。

那么如何来创作属于自己的个人品牌广告语呢？我们要先明确个人品牌广告语有哪些特点。

简洁明了：一般使用短语句式，让人一看就能明白。像耐克的广告语"Just do it"。

易记易传播：简单易记住，可以是正面的，也可以是反面的，多次重复出现，仿佛被洗脑一样。如"今年过节不收礼呀，收礼只收脑白金！"还有麦当劳的"I'm lovin' it"。

独特真实：与其他人不一样的，能反映个人的特质和价值观，建立真实、可信的形象，与目标受众建立深厚的连接。如美国脱口秀主持人奥普拉·温弗瑞的"Authentic Conversations, Inspiring Lives"。

有共鸣：引发目标受众的情感共鸣，能够让对方与个人品牌之间建立积极的情感联系。如樊登读书："读书点亮生活！"

与个体形象一致：要与个体形象保持一致，也就是说一句话的个人品牌广告语要符合个人的形象、个性，能体现个体的产品/服务。如路易威登的广告"旅行是一种态度"。

启发行动：通过这一句话的广告语，能够引导并启发目标客户产生行动。如激发用户点赞、关注、评论、转发、下单等。如红牛的"困了累了喝红牛！"

了解了个人品牌广告语的特点后，我们可以结合特点来进行一句话个人品牌广告语的创作。个人品牌广告语是影响目标受众是否能看见、是否愿意产生连接的重要因素。

这里为大家总结了以下 6 种广告语写作类型。

1. 情感类广告语

这类广告语以情感诉求为主，通过打感情牌的方式，增加与用户之间的黏性和情感共鸣。

案例：

你爱我，我爱你，蜜雪冰城甜蜜蜜。——蜜雪冰城

男人不止一面。——七匹狼

模仿：

减肥教练：减重不减颜，轻松每一天。

2. 功能性广告语

突出产品/服务卖点（功能、特征），能通过广告语感受到直接效果。

案例：

更适合中国宝宝体质的奶粉。——飞鹤

怕上火，喝王老吉。——王老吉

模仿：

写作培训：更适合0基础小白的写作课程。

3. 价值观类广告语

传递出自己产品/服务的核心价值观和信念，与潜在用户之间达成共同价值观。

案例：

就是这样自信！——飘柔

自律给你自由！——Keep

模仿：

身心灵疗愈：让更多人走出来！

4. 调侃幽默广告语

用轻松幽默搞笑的语言，旨在引发笑声并留下深刻印象。

案例：

减肥是一种选择，但吃麦当劳是一种习惯。——麦当劳

一册在手，一生牵手。——《现代家庭》

模仿：

读书会：悦读越快乐。

5. 诱导行动广告语

鼓励潜在用户采取具体行动，例如加入、购买、关注等。

案例：

经常用脑，多喝六个核桃。——六个核桃

百度一下，你就知道。——百度

模仿：

跑步：会跑步，就找××跑步。

6. 品牌口号广告语

朗朗上口的口号，代表品牌的核心理念和形象。

案例：

小罐茶，大师作。——小罐茶

让天下没有难做的生意。——阿里巴巴

模仿：

××英语在线学习：学英语，就找××一对一在线陪练。

以上就是6种常见的广告语写作类型，我们可以结合自己的个人品牌定位及产品/服务思考属于自己的个人品牌广告语。不过，想要创作出让人眼前一亮的个人品牌广告语，还得学会个人品牌广告语的创作修辞手法。

那些脍炙人口的广告语往往都是花了心思的，这就是为什么你知道个人品牌广告语不宜过长，但却不知深度是如何加深的。"钻石恒久远，一颗永流传"，这一句就运用了对称手法。我有个朋友名字为yicheng，他的定位是身心灵疗愈师，提供情感修复、人生定位等服务，他最开始给自己设定的个人品牌广告语是"靠近yicheng，容易成事"。我给他重新调整为：

"靠近yicheng，好事易成。"同样运用的就是对称手法，他至今都在沿用。

除了对称外，还有一语双关、押韵、拟人、用典、顶针、比喻等常见修辞手法适用于个人品牌广告语创作。

一语双关：利用词/字的多义或者同音，让语句有了双重含义。

人人都需要阳光——阳光保险

无线，你的无限——英特尔

押韵：指在诗词歌赋创作时在句末或联末用同韵的字相押，文案创作也适用。

为你支付，每一笔都在乎——支付宝

世间所有的内向，都是聊错了对象——陌陌

拟人：也是常见写作手法之一，同样适用于文案创作，将产品/服务的某个特点人格化，或是将产品/服务直接比拟成人。

三毫米的旅程，一颗好葡萄要走十年——长城葡萄酒

再看，再看我就把你喝掉——旺仔牛奶

用典：借用/套用典故。

王力当关，万夫莫开——王力门（引用"一夫当关，万夫莫开"）

我们最熟悉的房子，总是最亲切的——万科（引自老舍《想北平》）

顶针：前一句末尾的字词是后一句开头的字词，首尾相连，层层递进。

世界再大，大不过你我之间——微信

车到山前必有路，有路必有丰田车——丰田

比喻：最常见的写作手法之一，能够让产品/服务更具象更生动。

打开车门，就是家门——滴滴打车

薄，如一本杂志——小米笔记本

一句简单明了的广告语，可以让人迅速记住品牌。特别是在这个人人都能成为个人品牌的时代，用一句话介绍自己的品牌成了必然趋势。而我们在创作个人品牌广告语时，就可用以上模型，运用以上修辞手法，结合自己的产品、自己的定位，创作一条属于自己的个人品牌广告语。

如果你还是不知道如何创作设计自己的个人品牌广告语，建议你多找些经典广告语来分析模仿，找出你最喜欢的，按照它的格式结合你的产品/服务、品牌进行模仿。

但你一定要记住个人品牌广告语的6个特点，用简短的语言表达你的个人品牌的核心需求。如果你本身提供的产品或服务比较多，一定要找到最核心的，或是找到具有共性的点进行创作。这样你的潜在用户就能通过一句话记住你。

个人品牌广告语不同于其他文案，它的作用就是要能反复使用，作为个人品牌形象与个性的一部分，提高用户的记忆度，帮助你同用户建立联系和维护好个人品牌形象。当你需要减肥时，你能想到某一句话，联想到这个个人品牌。就像王老吉的广告语"怕上火，喝王老吉"一样深入人心。

个人品牌广告语也不同于其他广告口号。个人品牌广告语，就像是一个企业的核心价值观一样，一段时期内保持不变，却又在不停传播。而其他广告口号并不是该品牌的唯一广告语，而是根据促销活动、产品特性等创作的不同的广告口号。个人品牌广告语是个人品牌在一段时期内的唯一识别广告文案。

Day 20

个人品牌广告语的特点是简洁明了、易记易传播、独特真实、有共鸣、与个体形象一致、启发行动。个人品牌广告语的写作类型分为情感类广告语、功能性广告语、价值观类广告语、调侃幽默广告语、诱导行动广告语、品牌口号广告语。个人品牌广告语的写作修辞手法包括对称、一语双关、押韵、拟人、用典、顶针、比喻等。个人品牌广告语与其他广告文案有不同之处。

第21天　商业文案写作变现

当你练好了写作基本功,你就可以获得稿费,还可以通过写商业文案获得收益。随着你写作时间的积累,驾驭文字能力的提高,写作的变现渠道自然会越来越多。你可以用碎片化时间来写商业文案,这也是写作变现的一种方式。

1. 什么叫带货文

带货文不是文学作品,而是要把产品销售出去,它是商业文案的一种。

今日头条、百家号和知乎等平台都可以用文案带货。

当你在这几个平台已经写作经营一段时间,就有机会开通商品橱窗带货功能。你要选择与你所写领域相关联的产品,而不是风马牛不相及的品类,如果你写育儿领域,那你就选择和孩子相关的产品。

用文案卖书适合绝大部分人。比如你想卖某本书,就针对那本书写上一段文案,最后插入京东或淘宝的购买链接,若有读者下单,你就能获得一定的佣金,通常为商品价格的10%~30%。

用户是否会购买，那就看你的文案创作水平。内容要写得走心诱人，把书最有价值的核心点展示出来，让用户看到你的文案就会产生购买欲，直接打开你的链接购买。我群里有作者用微头条文案一月卖了3千多本书，副业超过本职收入。

比如之前大家卖王小波的书，阅读量高的文案，前面大部分内容写王小波的思想前卫、特立独行，以及他和李银河的爱情故事等，后面引用名人对他书籍的高度评价，增加吸引力。

有人评价王小波的书：一遍读王小波，大笑；二遍读王小波，大骂；三遍读王小波，大哭；四遍读王小波，大悟。

冯唐说："他的文字，仿佛钻石着光，春花带露，灿烂无比，蛊惑人心。"

李银河说："他是世间最美好、最有趣、最好看的一本书。"

生前作品出版艰难，一直不被认可的王小波，死后不仅作品洛阳纸贵，还被封为"中国卡夫卡""当代鲁迅"。时至今日，王小波的《黄金时代》《白银时代》《黑铁时代》组成的《时代三部曲》销量高达千万册。

现在，仅仅半瓶香水或者两包烟的钱，点击下方购买链接，就能把王小波全集抱回家。

这篇文案后面的句子增加了说服力，引导读者对王小波产生强烈好奇，吊起读者的胃口，再配上王小波本人和书的图片，加有京东或淘宝的书籍购买链接，这就是微头条文案带货。

如果是卖产品，如鸭脖、电饭锅、耳机等，你在写带货文案时，首先要了解你是写给哪些人看的，知晓该产品的卖点是什么，用户为什么要买，写作时不能直接写广告语卖货，而要有内容故事，否则会被平台打压。

开头最好以热点切入，埋下伏笔，引导读者能看完整个文案，结尾处再巧妙地嵌入产品卖点，带货软文要写得"软"，产品推广顺带一提，引起读者兴趣就好，这样才能得到平台的推荐。

内容电商将会是大趋势，用户一边看文字内容，一边下单买东西。平台有了内容，又有广告收益。产品方省了业务员。这真是几方多赢的局面啊！尤其是在每年世界读书日、618电商节、双11、双12，会涌现出很多优秀的带货达人，平台也会鼓励大家用优质内容带货。

如果你不会写爆款文章，写不出小说故事，写不出深度的观点文，不会运营个人品牌，那用几百字短文带货卖产品也是很好的变现途径，总会有一种变现方式适合你。

能带货多的高转化率文案，一定是内容好、有观点、有流量。如果你的带货文案的阅读量才两位数，肯定无法实现高转化率。

百家号的商品功能、知乎的好物推荐都同理，都是要有读者思维。要让别人买你推荐的东西，你要会选品，还得会写文案、会埋引子引导，最主要的还是你所写的内容能被平台推荐。任何一种写作变现方式都是要花精力钻研学习的。

2. 带货文案的特点

成功的卖货文案有四个关键点。

背景：搭建一个场景，让看到的人感同身受。

承诺：我有什么，能让你有什么结果和变化。

证明：你为什么要相信我，如果你质疑我，我会如何回答你。

刺激你：为什么现在就该买？

我们的带货文案写得马虎就带不了货，要击中用户的痛点，拥有自己的特色，最大限度实现带货。带货的文案一般更具有商业属性，说白了就是吆喝，用文字来种草吆喝。我们既是卖家，又是宣传员。

3. 用户为什么购买

一是好看。

二是好用。

三是不买就是损失。

好看是锦上添花，是感官舒服；好用是刚需，迫在眉睫；不买就是损失，这是商家用文案塑造出来的假象，仿佛你不买就吃了大亏，而人都害怕失去。

朋友圈或公众号文案要描述场景＋推出商品＋引导，购买场景其实就是故事。可以编故事作为开头，当然也可以选择其他方式。

引导消费，不能是强压式的。不要告诉别人这个很好用，去买它，而是告诉他结果。如我用完变瘦了，用完我的皮肤更好了，我买产品，我赚大了。引导客户自己去思考值不值得买。好看可以直接赞美，是一种正向的反馈描述；好用是挖掘痛点，让客户务必重视；不买就是损失，刺激用户赶快下单。

一篇优秀的文案，不仅可以帮助个人品牌建立自己的特色，通过长期的积累，还会让这种特色变成习惯，变成购物方向标。购买好看的和好用的商品，背后是精神价值导向和功能价值导向在起作用。

4. 文案动笔之前，要研究产品的核心利益点

当今网络社会，我们离不开文案，比如发朋友圈、产品文案、个人品牌文案、新媒体软文、短视频文案脚本、课程招募文案、招收合伙人文案等。

一切成交的底层逻辑都离不开文字。面对不同的受众群体，要写出不同的文案。

文案的好坏能直接影响成交收益。好文案是"印钞机"，这一说法并不夸张，优秀的文案能为产品带来很高的转化率。一篇优秀的长文案放在网络上，多渠道平台不断复制宣传，这种强大的威力甚至能超过多个营业员的能力总和。很多大型公司都有自己的文案团队，也有的公司会外包给专业团队。

在提供策划和方向以及概念基础上，商业文案要有创意，将企业的商业策略、品牌诉求适当地表达出来。文案是表达策略性的方式。文案语言一般力求直白，平实简练。

文案可以利用故事性热点来写。动笔之前必须研究产品，找到核心利益点，以此关联消费场景或者情感共鸣等，从而创作出优质文案。

卖水果的故事

有一个年轻人去买水果，走到水果摊前。

他问:"阿姨,水果是怎么卖的?"

阿姨:"1斤3块,3斤10块。"

这个人听了以后窃喜,于是拿出3元钱买了一斤水果,然后又陆续买了两次,每次都只买1斤。

买好以后,他笑着对阿姨说:"嘿嘿,看到了没有,我才花了9块钱就买了3斤呢!"

只见这时阿姨慢慢悠悠微笑回道:"哈哈,自从我这样卖水果,每次都能一下子卖掉3斤呢!"

知名营销者号称其咨询费每年达数百万元外加分红,我们并不清楚是否真有人花高价咨询,但他们把自己的身价哄抬起来,大量地宣传推广,再卖其他几千上万元的课程,就特别容易了,因为有高价作为参照物,也就是价格锚点在那里。

价格"平均法"瞬间让商品变得"不贵"。

乳胶床垫

前年,我同妹妹还有几个学员朋友去柬埔寨旅行。第四天,有个环节是导游让我们在商场休息,有个销售员(祖籍也是中国)上台推销乳胶垫,他就采用了分摊的销售逻辑。

他说能用30年以上的乳胶垫,一天算下来才多少钱,对人体是如何好,又是怎么划算,视频中还放了乳胶的来源、制作过程,让人无比信服。

他还说,中国有些人很奇怪,为了所谓的"面子",花几十万买个地方给车"睡觉",自己却舍不得睡好点,简直不能理解,身体重要还是车重要?人生有多少时间是在床上度过的啊!每天才多少钱,却换来身体的健康呀!全套演讲下来有他的一套文案逻辑，层层相扣，步步递进。一万元一张的乳胶垫，现场成交 12 个人。

5. 品牌产品文案

第一，要让用户明白这个品牌是干什么的。

第二，要让用户明白这个品牌的优势在哪里。

第三，侧面让用户感受到对比的差距。

品牌文案的标题是否吸引人，让人有继续阅读的欲望，内容是否有爆点，让人读后欲罢不能，引发反思，甚至愿意主动转发？

宣传的产品质量是否过硬？产品的亮点是什么？能给用户带来什么价值？产品能解决用户的什么痛点？是否能够促进用户购买或者有了解的行为？

俗话说，"人靠衣装，佛靠金装"。产品要靠文案包装，文案的最终目的就是包装产品的价值，让它更好地销售出去。

假如一家产品有大牌明星代言，有名人效应，就自带流量热度。你们服务过的客户如世界 500 强企业，得到过行业的权威认证，这就是价值亮点，要多多凸显，大量宣传。

文案可以激发购买欲望，满足客户情感需求，赢得客户信任。从第三方见证反馈和售后保障方面思考，给客户行为下"命令"。

包装产品文案的消费者，首先是用户，他们是人，文案要打感情牌。比如"下厨房"美食平台 App：唯有爱和美食不可辜负。如二锅头的文案：用子弹放倒敌人，用二锅头放倒兄弟。

文案在表达手法上要落地，只有结合实际，才能写出触动人心的文案。

要注意你的用户群体是什么人,目标用户的性别、年龄层以及他们的事业发展方向都影响着他们的关注点。如果不能针对他们的需求点去写,那你的文案就没有意义。

发布的载体不同,推广的方式也不同,需要不同内容进行组合。文章+视频或图文,让推广文案更丰富。

文案要找准内容的切入点,善于用热点和名人名言。不要长篇幅引用,几句话即可,后面紧接着表达自己的观点。如果以故事开头,可以制造悬念,引人入胜,代入感强。

可以将自己的故事或者听说的故事用于其中,但一定要和内容相契合。描写实际体验感受,从视觉、味觉、嗅觉多方面描述,还可以加入引发的回忆等。

引发人们将心里的担忧表达出来,适当提出解决方式。不能一味渲染担忧的内容,要谈如何解决。好文案要引起用户的共鸣,让用户身临其境。

文案一定要有引导目的,让用户有正当的购买理由。善用名人推荐,增强信任。利用价格优势、名额限制、限时促销、饥饿营销法,增强紧迫性。

文案创作考验作者的想象力和创意水平、思考能力,作者要把各种毫无联系的概念联合到一块,创造出一个新概念。

用案例拆解是学习写文案的很好方式,我们通过对优秀案例的拆解分析,形成自己的理解和逻辑,从而更清晰地写我们自己的卖货文案。

商业广告文案代表品牌的核心价值,要利用图片文字等内容,吊足用户的胃口。

我们熟知的经典品牌文案：

得到你是我一生的幸福，德芙尽享丝滑。——德芙巧克力

如果没有联想，世界将会怎样？——联想

人头马一开，好事自然来。——人头马

只要一个膜法，你就能变美。——面膜

喝杯水都能感知的精准。——小米体重秤

没有CEO，只有邻居。——万科地产

把1000首歌装进口袋里。——第一代iPad

生命就应该浪费在美好的事物上。——曼士德咖啡

学钢琴的孩子不会变坏。——山叶钢琴

这些优秀的文案不仅仅是文案，还成了很多人的生活信条，成为人们的一种生活方式。

每则广告都有它自己的一套表达和传递信息的方式。巧妙运用心理诱因，用短小、简洁、有效的语言建立品牌认知。

美国权威调查机构经过科学的测试认为，广告效果的50%~75%来自广告文案。世界著名广告文案大师大卫·奥格威曾经指出，广告是文字性的行业，在奥美公司，员工通常写作越好晋升就越快，文案是广告的核心。

6. 如何写好文案

商业文案主要有短文带货文案、优秀长文案、品牌广告语文案等。如果是销售型文案要达到目标用户的需求，挖掘产品特色亮点。要给客户购买的理由，引导购买，展示品牌形象，展示品牌精神，带动品牌传播。

写好文案，要多看文案，寻找感觉，多阅读经典的文学作品、当代热门作品、优秀文案，观看经典电影，通过对优秀的

文案进行拆解来提升自身写文案的功力。

当看到某篇带货文案的阅读量很高，出单率不错，就要去反复研究，别人是如何从开头切入，如何嵌入产品实现高转化率的。

生活中，我们无论是购买线下产品还是线上课程，都可以用逆向思维思考，自己是如何被别人促成消费的，对方的文案好在哪里，是怎样解决了你的疑虑，让自己爽快买单。

关于品牌文案，我们平常走在大街上、地铁上，看到好的文案，要思考能够触动人心的文案，好在哪里？不好在哪里？如果自己来撰写，会如何入手？

在写文案的过程中，切记多用动词，少用名词，增强画面感。学会洞察人性，所谓的洞察就是通过现象看本质，也就是商业背后的底层逻辑，这样会达到事半功倍的效果。

我们学习写作，练习写作，如果可以，最好能适应不同的写作题材。商业文案是写作变现方式中的一种。其实不管你是写哪类题材，万变不离其宗，都离不开文字的创作能力、组织文字的思维能力。

我上周给一家品牌服装推荐了5位软文文案写手，千字200元起。他们通过公众号文章销售自己的产品，而公众号内容需要写手来创作，他们有小编排版配上自家的服装图片，文章里有购买链接和客服联系方式。

不得不说，文案营销、内容电商是一种很高级的销售方法，有种润物细无声的感觉，还能"以一对多"。

Day 21

　　微头条短文带货文案、公众号长文案、品牌广告文案,写好这一切的前提都离不开文字的驾驭能力。写文案变现亦是写作变现的一种,拆解文案,从用户角度去思考如何写能打动人心,促使网友下单购买。

附录　会写文案，更要会文案策划

现在，随着各种社交平台的出现，越来越多的人加入自媒体创业中。一个人就是一个团队，日常发朋友圈、发短视频、发小红书……这些都离不开文案。

大多数人都知道文案的重要性，会根据自己的产品、自己的品牌属性去做文案宣传，但往往是文案越写越匮乏，到处寻找好文案，到处借鉴模仿。究其根本原因，是自己的文案还没有形成系统，没有进行文案策划。

那么，到底什么是文案策划呢？字面意思理解就是文案+策划，在广告学范畴内，"文案"和"策划"是两个相互联系，但又不同的专业分工。在国外的广告行业中，"文案"和"策划"是两个不同的岗位。不过，由于我国的广告行业起步比较晚，特别是在经济发展初期，刚成立起来的中小企业为节约成本，会出现一人身兼多职的现象，如策划人员本身就懂文案，故而也将文案认定为策划的一部分。

对于还未形成规模的自媒体创业者来说，将"文案"与"策划"整合在一起是有必要的。那么到底该如何进行文案策划呢？

如果你是打算长期扎根自媒体行业，并准备以此创富，那么建议你先进行年度规划。当然，这里的年度规划是指关于文案策划的。如何进行文案策划的年度规划呢？

可以制作一张全年节假日营销日历表。这种类型的表，我们可以在网络平台进行下载，也可以自己通过石墨文档、WPS、Xmind等办公软件进行绘制，或者是直接通过Excel表格建立。当然，这个表格不只是一个简单的节假日营销日历表，而是根据节假日营销点结合自己的品牌、产品进行文案策划的完整规划。

再以附表1为例，附表1是以2024年5月为例制作的一张月度文案规划，其他月份可参考此模式进行。图左主要是日历，图右是"文案关键词""文案发布计划"。文案关键词可以根据节假日或是自身相关的事件节点提炼，在这个基础上可以预判会有哪些热点出现，如小满撞上520，又恰好是农历年四月十三日，小满未满，520表白，一生一世（1314），会跟你的产品有哪些关联？

有了这些延伸思考后，就是确定文案发布计划。根据自己日常维护的网络平台，确定在哪些渠道发布，发布内容是图文是长文还是视频，发布频次定为多久，以及是否有必要进行直播等，这些都可以提前确定好文案主题，根据不同渠道再去调整字数、格式、文本等。

如果能参考月度文案规划做出全年的文案策划规划，那么从年到月到周到日，就能做到心中清晰明了，也能提前准备。不过，文案策划并非是固定、一成不变的，有时会赶上社会热点事件，可以根据自己产品的调性判断是否要蹭热点，迅速调整文案策划角度。

附表1　文案发布计划表

日	一	二	三	四	五	六	文案关键词	文案发布计划
			1 劳动节	2 廿四	3 廿五	4 青年节	5月、劳动节、青年节	
5 立夏	6 廿八	7 廿九	8 四月	9 初二	10 初三	11 初四	立夏	
12 母亲节	13 初六	14 初七	15 初八	16 初九	17 初十	18 十一	母亲节	
19 十二	20 小满	21 十四	22 十五	23 十六	24 十七	25 十八	小满、520、521、表白	
26 十九	27 二十	28 廿一	29 廿二	30 廿三	31 廿四		月末、复盘	

文案策划规划确定后，就轮到让文案创作者苦恼的文案内容了。如果只是单纯的朋友圈，按照朋友圈的规则去发布即可，在这里对于朋友圈文案内容创作不过多阐述，前文有详细介绍。重点是知道朋友圈、小红书、视频号等的规则，进而明确内容究竟从何而来。

这就不得不提到文案积累的重要性，我们在前面也讲过好文案就是日积月累出来的，我们不是有文案素材库、文案灵感库吗？就从这里找创作内容。所有渠道的文案内容发布不是完全即时发挥的，至少要提前一个星期准备好文案内容。

当然，我们的文案内容可以分成三类，日常型、热点型、活动型。日常型又可以分为走心和走肾。通俗来说，走心就是能与用户建立感情和信任的，这一类型的文案内容创作可以结合自己的日常生活工作、金句干货等发布。所谓走肾，更直白点就是能与用户有利益关联，让用户产生支付行动。这种文案硬而不硬，重在突出自己的产品、品牌，向用户分享自己产品的优势，在文案内容创作时，要注意的是不能为了突出产品、急于成交而忽略用户感受，还是要使用用户的语言，让用户一看就懂，一看就动心。

关于热点型就更好理解了，在关于如何蹭热点写文案中有热点的详细展开。再结合我们上面内容中提到的文案策划规划，就更容易理解如何进行热点型文案内容创作了。除了突发事件的热点外，其他热点都是可以预判的，所以大多数热点内容都是可以提前进行创作准备的，甚至还可以自己制造热点，不过这不适合初学者。

活动型，是指自己根据产品的营销计划要进行的营销活动，这就和线下商场、网上商城大促是一个道理。对于自媒体创业者来说，再小的个体也是一个完整的商业体，也需要进行营销活动。在自媒体创业圈中，被大家熟知的社群发售、产品上新、直播大促等，只不过是区别于过往的不同形式的营销而已。所以，根据自己的营销计划，整合自己全年要做的大大小小的营销活动，按月按周规划，文案跟着活动走，提前想好相关活动的文案主题，整理出文案内容创作大致方向，譬如衍生的文案关键词等，再结合词条及当下社会流行趋势等进行文案内容创作准备。需要注意的是，活动型的文案可能会跟日常型冲突，甚至跟热点型相重合。这时候只要根据不同渠道的发布规则调整发布文案内容即可，无须全部类型渠道都发布。

知道文案策划要规划后并不代表就真的能将文案策划做好，还得需要清楚自己做文案策划的目的是什么，以及自己在文案策划前还需要做哪些调研工作。

我们先来说说文案策划的目的。大多数人其实都能写文案，在写文案上也很容易上手，但就是难以通过文案去达成自己的目的。究其原因是在写文案的时候把重心放在了如何写出好文案，而忘了自己写文案本身的目的是什么。

所以，在真正下笔写文案前，一定要清楚本次文案策划的目的是什么。从广义上来说，文案策划的目的就是通过文案推动支付行为的发生。有人选择平面广告，有人选择视频广告，也有人选择私域宣传。前两者可以说是传统型的，不过视频广告在移动互联网时代又有了更多新的载体及形式呈现。而私域宣传，就是我们常见的通过自己社交平台账号去发布或是一对一、一对多宣传。

文案在不同的平台以不同的方式出现，就会有不同的效果，其背后更有不同的目的。但不管是何种渠道，文案策划的主体就是用户+产品+场景，文案策划的目的就是挖掘产品价值，撬动用户情绪，促成直接交易。

所以，在做文案策划前，一定要清楚自己为该产品提供文案策划的目的是什么。如果你本身自有产品，销售都会倒逼文案策划出现。如果你是为甲方提供服务，那么一定要与甲方做好充分沟通，明确目的及目标，再根据需求进行文案策划。

以某款春茶为例，产品研发者希望把这款刚上新的春茶主推给办公室白领。下面是关于这款茶的文案：

春日午后易犯困，宜春茶一杯，带你穿越春天，唤醒工作新灵感！

忙碌是一种常态，品茗是对自己的态度，春日新茶，春风十里。

每一片嫩芽在杯中缓缓绽开，春日清香在午后缓缓流淌。你的午后一杯茶，不仅是犒劳自己，也是共享愉悦与活力。

以上文案具有季节性，针对的目标用户非常明确。所以在进行文案宣传时，只能是在春季采茶时节投放给办公室白领，而非全年投放宣传。只有在写文案前弄清楚文案策划的目的，才能做到有的放矢，不让每一个好文案落空。

有文案策划目的就会有调研在前。很多人可能会奇怪，为什么写个文案，做个文案策划还需要开展调研工作。严格意义来讲，"文案"与"策划"是分开的，我们放在一起是因为在大环境下，有越来越多的人正加入自媒体创业，一个人需要分饰多角。

在前面部分我们也讲了文案策划的一些章法，那么很有必要在文案策划前做好准备工作——调研。文案策划和营销策划调研有个相同点，即都是对市场的调研，只是对于文案策划来说，重点在于对市场上同类产品的文案调研。

了解同行的文案既是学习也是获取信息，我们可以先收集，当我们在构思自己的文案选题时就可以加以借鉴、模仿，然后超越。与其一个人关起门来写文案，不如先走出来看看其他同类文案是怎么写的。

除了调研市场，还需要调研人，这里是指用户。你的用户是谁，你的用户需要什么？你的用户喜欢什么？你的用户还有什么潜在需求是没有被看见的……虽然你只是一个文案创作者，但也十分有必要了解这些内容，因为文案不能脱离用户，文案本身就是给用户看的。

怎么才能得知用户的这些信息呢？走近用户，成为用户，才能获取有用信息，写出让用户尖叫的文案。常见的方式就是直接做用户调研问卷或是用户访谈，不过这两种方式相对正式，并不适用所有人，且难以挖掘深度信息。

我在进行文案策划时，会看潜在用户在不同渠道的评论或是相关社群内的讨论等，甚至会直接参与其中与人互动。这样做的好处就是把自己当成用户，能获得不少文案创作时的关键词和重要信息。

调研完市场和用户后，还有最后一步就是产品本身。这个产品不仅包括自己的产品，也包括同行的产品，但我们需要调研的不是产品的全部，而是产品的近期活动、相关数据、产品基础信息等。因为这些信息就是我们在文案创作时的素材来源。这样的信息越多越详细，越有利于我们在文案策划时确定内容、方向及调性。

我相信在写文案时带上策划的思维，你的文案一定会与众不同。

本节小结

文案策划的第一步是文案年度规划,包括全年日历表,不同类型的文案内容都是可以提前准备的,至少提前一周。其中关于热点型文案内容,提到除开可以预判的,还有突发事件需要及时做出响应。明确文案策划的目的就是挖掘产品价值,撬动用户情绪,促成直接交易。在文案策划前还需做好调研,主要是市场、用户、产品三个方面的,侧重点放在文案上。